U0943421

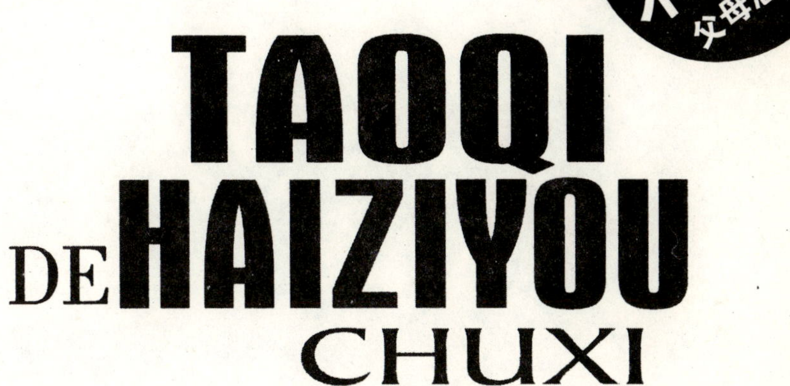

淘气的孩子有出息

孙京媛◎编著

天津科学技术出版社

图书在版编目(CIP)数据

淘气的孩子有出息/孙京媛编著.—天津:天津科学技术出版社,2008.11

ISBN 978-7-5308-4923-1

Ⅰ.淘… Ⅱ.孙… Ⅲ.家庭教育 Ⅳ.G78

中国版本图书馆 CIP 数据核字(2008)第 171267 号

责任编辑:刘丽燕
责任印制:白彦生

天津科学技术出版社出版
出版人:蔡 颢
天津市西康路 35 号 邮编 300051
电话(022)233322398
网址:www.tjkjcbs.com.cn
新华书店经销
北京市北中印刷厂印刷

开本 787×1092 1/16 印张 15 字数 204 000
2014 年 6 月第 1 版第 2 次印刷
定价:29.00 元

前　言

俗话说："淘气的孩子有出息。"此话虽不完全正确，但也有一定的道理。因为孩子在"淘气"中有着求知的欲望、认识的提高和智力的发展，他们在观察、触摸、聆听中得到锻炼。由于经验的积累和思维能力的提高，孩子们可以从无知变得聪明，从幼稚发展为成熟。所以，作为父母，应当给孩子淘气的空间和权利。

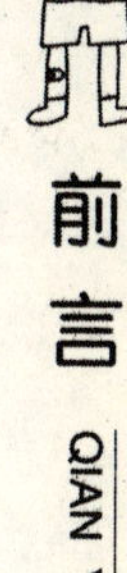

当孩子淘气时，要进行分析，千万不能责打后再讲理。充分理解孩子的出发点是探索事物的"秘密"，其精神应当给予鼓励。至于孩子的行为造成破坏的结果，应当给予批评、教育。处理的效果要有利于激发孩子积极探索的精神。

没有小伙伴一起玩耍，或父母忙于家务和学习，很少与之接触、沟通想法，孩子便会感到孤独。这种情况下，孩子往往为了引起家长对自己的关注而采取淘气行为。所以，家长平时应多与孩子接触，使孩子减少孤独感。同时，观察孩子的言行也十分重要。例如，要注意观察孩子想做什么和对什么有兴趣。孩子提出问题，要予以重视，耐心解答。例如，孩子对电动玩具汽车有兴趣，问及汽车为什么会发出声音等等，对此要耐心地回答，甚至可以将玩具拆卸开，向孩子讲解。

有淘气行为的幼儿，往往精力充沛、贪玩、好动，如果把精力引导到剪纸，拼七巧板，搭图形积木或金属建筑玩具，玩魔方，做飞机模型等方面，将会使孩子的求知欲得到满足。

大多数孩子由于缺乏对自己行为的把控能力，有时其行为具有一定的破坏性，甚至是危险性。对此，本书对淘气孩子表现的问题提供了实用的解决方法。这些有益的方法，既丰富了育儿知识，满足了孩子的愿望，同时也帮助孩子克服了淘气的毛病。本书语言生动，通俗易懂，能够让家长发现、引导、帮助、鼓励淘气的孩子，使孩子成为对社会有用的人才。

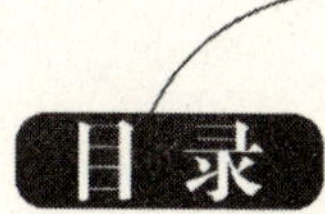

目录

CONTENTS

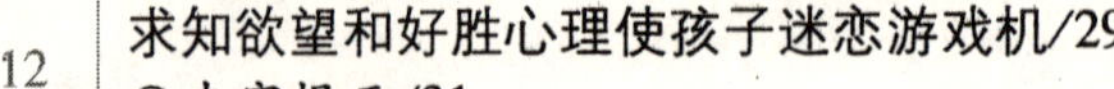

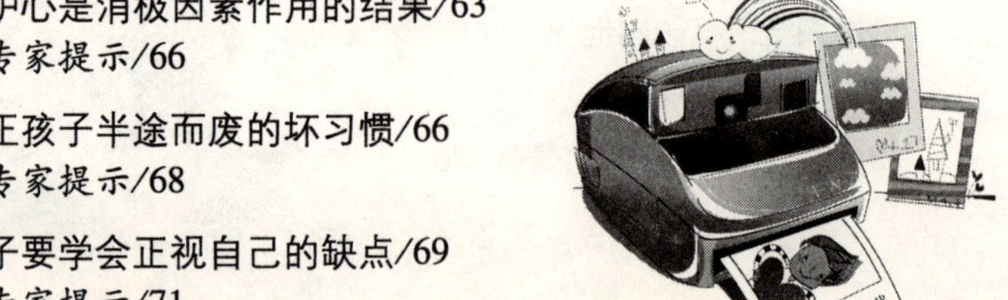

目录 CONTENTS

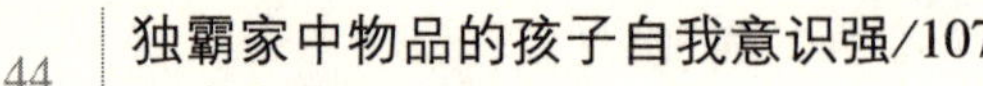

心理测试

淘气的孩子有强烈的好奇心

小军刚上小学的时候，对什么都非常好奇，喜欢这儿摸摸，那儿动动。一天，小军无意间发现家中盆里的河虾，产生了强烈的好奇心，于是趴在盆边看，趴在盆上听，还用手在水里搅。折腾一番后，他讲了这样的故事："大虾是虾爸爸和虾妈妈，小虾是虾孩子，虾爸爸和虾妈妈很要好，它们常常头靠头挨在一起。虾孩子很可爱，它们有时在水中转圈子，有时互相挥舞钳子打架。虾爸爸有时把小虾背在背上，虾妈妈有时把小虾护在肚子底下，多快乐啊！小虾就像我们小朋友，虾爸爸、虾妈妈就是小朋友的爸爸、妈妈，他们生活得很幸福。"后来他将这个故事写成作文，经过修改，成为作文课上的范文，小军也从此渐渐爱上写作，后来成为小记者。

小海好奇心特别强，喜欢提些稀奇古怪的问题，上课东张西望，注意力不集中，老师对他非常头疼。一次上课，老师转身在黑板上写了一个字，回头就发现他不见了，同学们都对着他的座位笑，老师过去把他从桌子底下拉出来。原来，他发现地上有一只虫子，就趴到地上观察虫子是什么样子，准备爬到哪里去。他还告诉老师说，趴在地上看得仔细，也可以和虫子一样体验爬的感觉。老师哭笑不得。妈妈也告诉老师，家里买了一张新沙发，小海跳在上面捣了一个洞，想看看里面塞的是什么，可不可以打气进去。因为他看见表姐家有一张充气床，又轻又方便，就产生了发明充气沙发的奇想。

好奇是人们具有的一种正常的心理活动，是认识事物的一种态度。孩子的好奇心特别强，有了好奇心才会对事物感兴趣，才会在积极思维中产生联想、想象，从而克服困难，去追求、去创造。正如伟大的科学家爱因斯坦所说的："我没有别的天赋，我只有强烈的好奇心，我没有别的才能，不过我喜欢寻根究底地追究问题罢了。”

对于淘气的孩子来说，好奇心的表现尤其突出。因为他们好动，注意力不容易集中，在认识过程中会不断变换新事物，产生新想法。这样一来他们就会发现许多新奇的事，有时还会产生意想不到的效果。

你见过小狗识数吗？看看前苏联著名的儿童小说《马列耶夫在学校和家里》中马列耶夫是怎样描述他和同学训练小狗的：

我和西什金看完马戏团小狗表演后异常兴奋，决心回家试试。可是小狗洛布怎么也不行，西什金伤心地喊叫说：“它不明白！应当想法子气一气它。你听我说，现在我来训练你，让它看着，学你的样。”

我惊奇地问道：“你怎么来训练我啊？”

“很简单。你趴在地上学狗叫，它看着你就可以学会了。”于是，我趴在小狗旁边，西什金问我：“这是几块糖？”我学着小狗叫：“汪！汪！”

“很好！”西什金夸奖我，把一块糖放到我嘴里。我开始嚼糖，并且故意嚼得很响，让小狗羡慕，小狗看着我，很羡慕，甚至口水都流出来了。它不耐烦地哼了一声，眯起眼睛，开始用尾巴敲地板。

西什金硬逼着它说：“回答吧！回答吧！”但是它怎么也猜不透要它叫一声。西什金对它说：“唉，你呀，真不开窍！”然后又对我说：“好，你回答吧！”我喊道“汪！”于是一块糖又到了我嘴里，小狗只是舔嘴巴哼哼着。

西什金说：“现在我们来气一气它。”他又把一块糖放到方凳上说：“现在谁先回答谁就得一块糖。好，数吧！”我叫道：“汪！”西什金夸奖说：“很好！”又对狗说：“你是个糊涂虫！”他又拿了一块糖，慢慢地送到小狗嘴边，又从嘴边经过，送到我的嘴里，我又大声地嚼着，把糖嚼得咯哧咯哧地响。小狗一个劲儿舔嘴巴，打了一下喷嚏，着急地摇了摇头。

西什金乐了：“啊哈，它羡慕起来了！谁叫，谁就有糖吃，谁不叫谁就没有糖吃。”他又把一块糖放到小狗面前说：“现在你数吧！”小狗舔着嘴巴，摇着头，起来，蹲下，哼了一声。“数吧！数吧！不然你就吃不到糖!”小狗忽然紧张起来，向后退了退，突然就叫了一声：“汪!”西什金喊道：“明白啦!”马上就扔给它一块糖。

糖没落地，小狗就接住了它，两下子就吞了下去。西什金喊道：“来吧，再数一次!”小狗又回答：“汪!”一块糖又飞到它的嘴里。“来，再数一次!”“汪!”西什金高兴极了：“明白啦！现在我们的科学实验成功了!”

看到这里，你一定会对马列耶夫和西什金的幼稚举动而发笑。马列耶夫和西什金在小说中是两个聪明好动，但调皮、不爱学习、经常惹祸的孩子。可他们对一些感兴趣的事充满好奇，充满幻想，什么都要去试一试。

好奇之心，人皆有之。认识新事物，了解新事物，是人的本能。儿童刚刚认识世界，这种本能表现得更为突出，他们对世上的一切事物都是非常好奇的，淘气的孩子更是如此。你常常会发现家里这个被拆开，那个被搞碎。为了了解机器人为什么会动，一个新玩具变成一堆零件，为了知道百得胶有多大黏性，一个美丽花瓶变成了一堆碎玻璃……

孩子的童真童趣、好奇感在大人眼里可能是“不完美”的、“有缺陷”的，但做父母的要允许孩子保留“不完美”，也许这种新奇感和童心是保护、培养孩子幻想的前提，是想象力丰富的土壤。也许正是它，将来会使你的孩子成为瓦特、爱迪生、莫尔斯、比尔·盖茨。让我们善待淘气孩子的好奇心吧！

专/家/提/示：

对于淘气的孩子来说，好奇心的表现尤其突出。他们在认识事物的过程中会不断变换新事物，产生新想法。这样他们就会发现许多新奇的事，有时还会产生意想不到的效果。

玩泥沙或水是孩子获取感性经验的过程

爱因斯坦小时候也应该算是个淘气的孩子。在学校，教导主任曾断言他将来肯定不会有出息。然而，身为机电工程师的父亲，在大家都瞧不起他的孩子、孩子也怀疑自己笨的时候，并没有指责和抱怨，而是想方设法地鼓励他。他为爱因斯坦买了一盒积木，然后让全家人围坐在他的身边，每搭一层大家就给他一阵热烈而真诚的掌声。他的自信一点点地复苏了，最终造就了一代科学巨匠。

相对于普通孩子，淘气的孩子常常会有些大胆的想法。你千万别认为是异想天开而加以打击，应该给予积极的支持和热情的鼓励，让他们积极动手去探索。因为很多发明创造，都是在初看起来似乎“怪诞”的念头中，通过动手探索而实现的。

陶行知的一位朋友有个5岁的儿子，特别调皮、贪玩，常常会有一些出人意料的想法和动作，令人啼笑皆非。有一次，因为把金表拆坏了而被狠狠地揍了一顿。陶行知知道后诙谐地对朋友说：“中国的一个爱迪生被你枪毙了。”

此话很有道理，因为淘气的孩子精力旺盛，在特殊爱好没有得到适当的满足时，他们就会自找出路，从事自己所爱好的活动，释放他们的精力。他们觉得好多东西都不明白，都很新奇，想通过自己的探索活动去看个究竟，在动手过程中损坏一些玩具或其他物品在所难免。也许为了想看清鸡蛋里有没有小鸡，会一个接一个地打开它；也许为了想看看录像带里有没有影子，会把磁带拉得满地都是。碰到这种情况，你会怎么对待呢？请你千万别大动肝火，因为父母的责骂会使淘气的孩子怀疑自己的动手能力，而对以后的动手探索活动缩手缩脚，甚至采取“对抗”态度，探索精神的火苗也许就此被扑灭。

要知道，人生创造的起点，恰是从孩子稚气未脱的动手中开始的。不是有句话说，“创造源于破坏吗”。

几乎所有淘气的孩子都喜欢玩泥沙和水，那是他们的天性。总有父母讨厌他们玩得浑身脏兮兮的或是搞湿了衣服，简单粗暴地禁止孩子玩这些东西。大人们不知道，泥沙和水之所以有那么大的吸引力，是因为它们可以千变万化。泥沙可以挖洞，也可以堆山；可以满地撒开，也可以聚成一堆；干了容易飞扬，湿了却成一团，而且干湿的重量、体积各异。水可以装进不同的容器；可以是点点滴滴，也可以是一束水柱，甚至是汪洋大海；可以成冰，亦能成雾；利刃无法断水，泥沙却能分开它。在他们眼里，泥沙和水的各种变化，是一个多么奇妙的世界啊，这一切正满足了顽童的好奇心和求知欲，玩泥沙或水的过程，是他们自己通过动手去获取知识、获取感性经验的过程，从中能体验到探索的无穷乐趣。

不可否认，玩泥沙弄脏了衣服，采野花弄湿了鞋袜，粘贴画搞花了墙壁，卸卸装装损坏了玩具，然而与长知识、增才干，以及心灵的快乐与舒展相比，毕竟是小事一桩。

不停地动手是淘气孩子的天性。但愿天下父母都能善待顽童的天性，让他们的童年和平常孩子一样充满情趣与欢乐！

专/家/提/示：

相对于平常孩子，淘气的孩子常常会有些大胆的想法。很多发明创造，都是在初看起来似乎“怪诞”的念头中通过动手探索而实现的。

淘气的孩子充满着幻想

有一个淘气的男孩，当他无意中发现电流接通和断开，螺旋线圈会发出噪声这一有趣现象时，曾设想到用电传话。好几位电学家对他的想法付诸一笑，因为在他们眼里“不务正业”的顽皮男孩实在没有任何可取之处。可当时著名的电学家约瑟夫·亨利却给予他关怀和鼓励：“干吧！年轻人，你有一个了不起的设想！”当他胆怯地说不大懂电学时，老科学家又鼓励他：“掌握它！”这个幸运的孩子就是后来电话的发明者，著名科学家——贝尔。多年以后，贝尔回忆说：“没有这几个令人鼓舞的大字，我是绝发明不了电话的！”可见，鼓励对顽童动手探索、发明有相当大的作用！

鼓励孩子敢于承担责任，敢于挑战。鼓励孩子去尝试未曾做过的事情：“做错了不要紧，只要去做就好！”

淘气的孩子充满着幻想。泥塑的小鸭，会引导他们变成天鹅的遐想；漂亮的螺壳，能让他们听到大海的咆哮；小小的桃核，指引他们奔向桃花盛开的地方；布满花纹的石子，带着他们寻找陨石降落的远方。让淘气的孩子喜欢的每个小玩意，都插上想象的翅膀，在我们的声声肯定下，在同一片蓝天下展翅翱翔！

大发明家爱迪生在5岁时，看到母鸡孵小鸡，就问妈妈：“鸡把蛋放在屁股底下坐着干吗呀？”妈妈告诉她，母鸡给鸡蛋暖和暖和，为的是孵小鸡。爱迪生想，母鸡能孵出小鸡来，自己也一定能孵出小鸡来，于是他找了几个鸡蛋，躲在邻家的仓库里，学着母鸡的样，蹲在鸡蛋上孵起小鸡来。诸如此类的行为数不胜数，让大家很头疼。还有一次，爱迪生看到气球里充了气就会飞上天，他想，人的身体里如果充了气，一定也能飞上天。他看到水沸腾了会冒气，想起了人吃了一种叫做“沸腾散”的泻药，肚子里一定也能冒气。于是，他把一大包药让邻居的孩子吃，差点闹出人命。

小顽童爱迪生的所作所为在我们看来也许幼稚得傻气，甚至近乎荒唐，但是你不会怀疑他是故意的。

积极的动手探索是加速成长的最有效的途径，只有在动手探索的成功和失败中，孩子才能真正理解自身，理解这个世界。

如果淘气的孩子动手探索不会带来任何的危险，可能只是打碎几个鸡蛋，那为什么要阻止他呢？如果我们用太多的阻止遏制了他的好奇心和动手探索精神，那么又要用多少鸡蛋弥补这种精神呢？我们太多地注意到正式的、有专家参与的传道授业式的教育，认为只有花了钱，看见明显的结果，才觉得确实得到了益处。分数、文凭之类给我们一种简单的白纸黑字的依据，也给我们的顽童套上了同一个尺寸的“枷锁”，使我们相信他们在进步，并由此安慰自己：我们的努力得到了回报。因此，多少年来，我们对于分数、文凭等这些显性的东西的重视，远远超过了对孩子的隐性潜能的开发、孩子成长的快乐等。于是，缺乏耐心的我们便将顽童这个特殊群体的一切都忽视了。

殊不知，世界上成千上万的发明是在意外中诞生的。你如果希望把自家的顽童培养成动手能力强、有创新精神的人，那么就不要害怕他闯祸，更不要怕他失败。让他积极地面对生活中的一切。努力改变你自己的观念，并以全新的观念去改变现实，相信奇迹的出现。

有的家长一看见自家顽童做了错事，就训斥、打骂，还坚信着这样的信条：打是亲，骂是爱，不打不骂不成才。但却不曾想过这种做法会使他们就此变得唯唯诺诺，而失去了尝试和探索新事物的兴趣。在出生阶段，在婴儿和幼年时期，顽童们面对着大千世界，常常睁大着好奇的双眸，那时他们没有感到无所适从。尽管在后来成长的过程中，他们仍然有勇气进行各种尝试，要学习各种方法，以使自己能够适应这个世界，能够融入这个世界中。但是往往在这些关键时候，我们会提出许多近乎于不合理的要求，这无疑给他们的探索设置了许多障碍。其实，我们应尽力让顽童过足孩童期，该吵闹时就让他吵闹，该拆卸拼装也由他去，让顽童尽情地享受快乐的童年，为自己正在进行时的这段生命感到骄傲。而不是在大人的斥责声中，在成年人怀疑的眼光中去否定自己，去羡慕别人，去羡慕其他年龄段的生命。

尝试和探索的重要动作是动手，而动手的最大可能是失败，我们不仅要允许他们失败，更要鼓励他们不怕失败。老师和家长一定要明确这样的观念：允许失败，就是鼓励动手，不许失败就等于不许动手，没有动手就没有尝试和探索。

专/家/提/示：

淘气的孩子充满着幻想。让淘气的孩子插上想象的翅膀，在我们的声声肯定下，在同一片蓝天下展翅翱翔！

淘气的孩子有良好的实践能力

一位家长讲述了这样一个故事：儿子从小就淘气。喜欢躲在农贸市场的一边看人家刻图章，回到家，操起刻刀就学着刻起来。墙上、家具上全是他的“杰作”。

他还收集许多旧玩具手枪、玩具汽车，被别人戏称“捡破烂”，他不光玩，还要拆，无论多复杂的玩具，经他一弄，便面目全非了。就这样，他常常躲到一个角落里饶有兴致地拆呀、装呀、砸呀……到了五六岁，凡是家里他能够得到的东西大都被他拆装过，为此我曾伤透了脑筋。渐渐地，我发现，他总是抱着好奇心，一边拆，一边琢磨，每次都十分小心地将一个个拆下来的零件码放整齐，仔细研究内部的结构和原理，弄明白了再照原样一点点安装好，遇到不懂的地方还会向人请教，或翻书本找答案。

他并非“一无是处”！这位家长说。以后，开始有意识地放手让孩子做。读三年级的时候，教他洗菜、切菜、擀饺子皮。孩子干得很出色，也很认真。家里的台灯、门铃、电视天线、抽水马桶出了毛病，都让他“治疗”。他常常带着工具到学校或邻居家去修理东西。渐渐地，孩子不仅学会了小修小补，还学会了看简单的图纸，看家用电器说明，组装各种机械模型……

一颗细腻的心，那是母亲的心；一双幸福的手，那是儿子的手。淘气的孩子幸福地沉浸在广袤无边的深深母爱里，恣意荡漾。被包容，被允许不断地去尝试。

小东的头发长得遮住了耳朵，乱蓬蓬的，活像个大帽子盖在了头上。衣服、裤子简直就是个大染色盘。毫无疑问，他是一个名副其实的淘气孩子！

对此，学校和家长的教育是成功的吗？在这方面，作为教育者、作为家长都在心里寻找着一个尺度，一个不能伤害或放纵孩子的尺度。在教育孩子方面，不能一味用自己的肩膀为他们挡住所有的风雨，安排好每一步路。这样，孩子的勇气和自信、能干和自立就在父母每天为孩子忙忙碌碌地在这份特殊的关爱里丢失了。

父母们事无巨细的包办，盲目的宠爱，会扼杀他们体验这个社会，体验苦、累、痛、希望、失望、珍惜等的权利，甚至有朝一日失去选择自己行为的能力。独立面对没有红绿灯的十字路口，他们只能困惑，是起步还是停车？

把自己的手伸给淘气的孩子很容易，难的是让他们学会用自己的手做事。成功也好，失败也好，快乐也好，不快乐也好，重要的是体验的过程以及愿意获得新体验的态度。

舍得放手。放手让我们淘气的孩子单独走一段路，让他在车流中学会谨慎；放手让淘气的孩子做做家务，让他知道什么是累，懂得珍惜；放手让淘气的孩子自己学做事，让他体会成功和艰辛的关系；让他们学会用耳朵倾听，用眼睛观察，用手去触摸，用大脑去思考，用心感受！舍得放手，让淘气的孩子体味生命的丰富与坚忍，辛苦与美丽！

动手尝试还能学到许多课本上学不到的知识，大大增长才干。手脑并用，培养自己的观察能力和思维能力。激发智力潜能的一个强刺激物就是他们有一双灵巧的手。

能够及时发现顽童身上潜藏着的动手欲望，并在生活中力求保留这种可贵的素质，这是父母必须要做到的。而很多家长最见不得自己的孩子课余时间捣鼓点儿小发明、小创造，认为这些都是瞎耽误工夫，至于顽童那更是被美其名曰“减少闯祸的机会”。有的家长甚至对顽童的行为大声呵斥，或者干脆把他们的工具、材料扔到了垃圾堆里。殊不知，这种做法极大地伤害了淘气的孩子从事动手实践活动的积极性，扼杀了他们创造的未来。

专/家/提/示:

学会放手，舍得放手，让淘气的孩子去单飞，这样就不会因懒惰而笨拙了他们的手，不会因娇宠而脆弱了他们的心，不会因依赖而锈蚀了他们的大脑，不会拒绝任何尝试，也不会因一点点困难而被吓跑。

如果苹果是方形的该多好

在一堂小学美术课上，老师对怎样画苹果作了一番精心指导后，便安排学生完成作业。评讲作业时，老师发现有位平时特别调皮的学生画的是方苹果，他也想批评这位学生的“捣蛋”，但还是先耐心询问：“苹果都是圆形的，你为什么画成方形的呢?”调皮学生回答说：“我在家里看见爸爸把苹果放在桌上，一不小心，苹果滚到地上摔烂了，我想如果苹果是方形的，该多好啊!”老师鼓励说：“你真会动脑筋，祝你能早日培育出方苹果。”

看到这里，你有何感想？是为那位教师鼓掌，还是为这个调皮孩子独特的创造力叫好？苹果本是圆形的，画成方形，显然是脱离了实际。这位教师循循善诱，引导学生道出画方苹果的原因，并且鼓励学生“早日培育出方苹果”，这种做法怎能不叫人拍案叫绝呢!

有一个平时特别捣蛋的孩子，用黑色的画笔把一整张白纸涂得漆黑一片，谁也不会知道他画的是什么。孩子的妈妈面对那“不知所云”

的作品，没有训斥，而是非常诚恳、耐心地问：“孩子，你画的这是什么啊?”孩子非常认真、一本正经地说：“在一片大树林中，有许多小动物，它们聚到一起，非常高兴，又是唱歌，又是跳舞。它们唱累了，跳累了，太阳下山了，天黑了，它们就睡觉了……”

天啊，有谁想到，孩子那“漆黑一片的作品”中，竟有那么精彩的内涵！让人庆幸的是，这位家长没有简单地贬斥孩子的作品，而是选择了耐心倾听，从而保护了孩子的创造力。

“让孩子画自己的画，做自己想做的事”、“赏识涂鸦”这话易说不易做。大人们总是希望孩子能按照自己的意图去做，一些家长往往不自觉地带着成人固有的审美模式去要求孩子。

面对淘气的孩子，家长和老师往往束手无策。其实，孩子不是成人的缩影，淘气的孩子则更不是。他们有一套自己观察事物的方法，有自己对事物独特的理解。他们往往是幻想大于现实，情感大于理智。他们可以把人和动物画在一起和平相处，把凶猛的野兽画得像孩子一样可爱，隔着墙壁把屋里的人画出来，把大海画成红色，可以超时空把各种物体组合在一起……这就是儿童独特的视觉方式和表现方法——注重感受，富于幻想，勇于创造。这正是儿童的可贵之处。如果这些东西得不到保护而遭到干预，那么儿童的创造力就会枯萎。所以，大人们应该给孩子营造一种宽松愉快的环境，特别是淘气的孩子，让他们在愉快的心境下，去表达他们的内心世界。那么我们见到的将不仅仅是“方苹果”了！

陶行知说：“教育不能创造什么，但它能启发解放儿童创造力以从事于创造之工作。”陶先生是这样说的，他也是这样做的。终其一生的教育生涯，他坚持一个主张，就是创造教育，就是致力于为受教育者提供一个发挥创造力的环境。无论是在他所开办的晓庄师范，还是创立的育才学校，无论是他所提倡的生活教育，还是他所开辟的平民教育，他都把创造教育作为其中的宗旨。他为育才学校所写的校歌中，热情歌唱，要学生“静观大千世界，啄开未知之门，飞入神秘之宇宙，找出真理之夜明珠”，热情讴歌“真善美的祖国，真善美的世界，真善美的人生，真善美的创造”。

曾经看到一个实验：通常情况下，梭鱼会就近攻击在它范围内的鲦鱼。作为实验，研究者们把一个装有几条鲦鱼的无底玻璃钟罐放入一条梭鱼的水箱中。这条梭鱼立刻向罐子里的鲦鱼发动了几次攻击，结果它敏感的鼻子狠狠地撞到了玻璃壁上。几次惨痛的尝试之后，梭鱼最终放弃，并完全忽视了鲦鱼的存在。钟罐被拿走后，鲦鱼们可以自由自在地在水中四处游荡，即使当它们游过梭鱼鼻子底下的时候，梭鱼也仍旧忽视它们。由于一个建立在错误信念基础之上的死结，这条梭鱼会不顾周围丰富的食物而把自己饿死。

有多少死结在阻碍着你？你在设想哪些与自己有关的“现实”？有一条想象的链子在你腿上或一个钟罐将你与自己的创造力分开吗？有什么机会就在你面前，而你却继续忽视它？

孩子都非常喜欢小鸟，淘气的孩子也一样，那轻盈的春燕，温柔的白鸽，还有勇敢的雄鹰……它们都有一对翅膀，那神奇的双翼一展开，它们便起飞了。鸟的翅膀，多么令人羡慕。他们当中就有人幻想过，倘若我有一对翅膀，那该有多好啊！是啊，有什么办法能给自己也插上一对翅膀呢？这时，特别不能忘了那些被称为“淘气”的孩子，用智慧给自己安上一对创造的翅膀，那样也同样可以飞，而且比小鸟飞得更高更远。

专/家/提/示：

要理解那些被称为“淘气”的孩子，用智慧给自己安上一对创造的翅膀，那样也同样可以飞，而且比小鸟飞得更高、更远。

调皮捣蛋的孩子有冲劲

少年时期的丘吉尔，曾在校报《哈罗人》上发表文章尖刻攻击所在学校的各种管理方式的“陈旧丑陋”。尽管丘吉尔是以假名“真理”发表了这篇文章，校长还是怒气冲冲地把丘吉尔叫到自己的办公室。“由于《哈罗人》中的文章是以假名写的，我不会追查是谁写的。但如果更多同样性质的事情出现，我会忍痛鞭打你以尽我的职责。”校长的这段话使丘吉尔意识到了写文章要用真名的重要性。当丘吉尔后来真的因此遭受了一顿鞭打之时，他告诉惩罚他的校长：“我将会是一个比你伟大的人。”这句话的代价使他又挨了两个耳光。很明显，少年时代的丘吉尔已经表现出独立、躁动、顽强、挑战的性格。他周围的贵族子弟认为他是一个自我吹捧、偏执傲慢的无赖。他则以咆哮回敬他们：“有一天，当你们还是无名小卒的时候，我会成为伟人，并将你们踏得粉碎。”在哈罗学校，丘吉尔走的就是自己的路。

丘吉尔并不仅仅满足于勇敢的行动，他也想要所有的人都知道他的勇敢，并为之喝彩。在后来作为政治家的道路上，丘吉尔以同样的手法带领英国渡过危难。事实上，丘吉尔在英国政坛一直也没能改变人们对他的这种印象——“一个放大了的顽童”，他是一个政治“神童”。

无论如何，丘吉尔是要坚持他自己的道路了，他成功地把人民从狭隘的私人和商业圈子中拉了出来，将之领入战争的宏阔和严肃的场面。拿卢梭的话来形容，丘吉尔成功地通过战争将英国人民由“自然人”塑造成“公民”。他提供给人民安全，而他获得的报偿是一个杰出政治家，甚至是一个伟人的称号。在他高龄之际，人们甚至用荷马在《奥德赛》中的诗句来形容丘吉尔：“才智仅在他一身，其余的人只不过是飘忽的幽灵。”

所以，问题依然存在：是什么在驱使这位政治家走向成功？是什么把他童年时代的独立、躁动、挑战的天性和不可遏制的想象力，塑造成了勇敢、果断、沉着、创造性、坚韧和不可遏制的远见呢？或者说，是什么把一个领袖塑造成为一个政治家呢？

一般而论，对于一个政治家所能取得的成就而言，部分是由于其出身，部分是由于其天赋，部分是由于其所受的教育。假如没有某种天赋，并伴有利用这种能力的气质，他就不可能构想出伟大计划或实现这些计划。假如没有适宜的教育，也就很难指望他认清自身正在从事的事业。正如丘吉尔在他后来的《生死战》中所说："名人通常都有不幸的童年。早年生活环境的重压、苦难的创痛、轻蔑和嘲讽会唤起明确的目标和坚韧的天赋，没有它，伟大的行动难以成功。"

丘吉尔从小表现出的独立、躁动、顽强、挑战的性格，真可谓是调皮捣蛋、顽劣不化的孩子形象。从这一案例中可以看出顽童与神童之间只不过隔一步之遥。美术大师罗丹说过："我们缺少的不是美，而是发现。"有一些神童由于小时候顽皮、另类，缺乏针对性的教育，而被埋没了。只要我们善于发现顽童的优势，给他们机会，积极引导，他们也会成为出色的人才。

例如，微软的比尔·盖茨，甲骨文公司的拉里。尽管我们对这些名字耳熟能详，对他们所创造的财富神话及其深远影响也有深刻的了解，然而是何等的才智和信心使得他们这些从小被别人认定的顽童，让自己的财富和权力能够达到如此的高度？他们的共同点就是：都有股冲劲，聪明睿智。非常幸运，他们的父母都从小注重保护他们顽童的天性，个性化的教育使他们从顽童到企业霸主。

专/家/提/示：

只要我们善于发现淘气孩子的优势，给他们机会，积极引导，他们也会成为出色的人才。

好奇心使淘气的孩子成为科学家

牛顿，1642年出生在英国林肯郡格兰汉镇附近沃尔斯索普村的一个农民家里。他出生那天正好是12月25日西方圣诞节。他刚生下来时不到三斤，只有一点点气息，接生婆预言，过不了两天孩子可能夭折，但孩子却奇迹般地活了下来。在小学时，牛顿擅长数学，但其他功课成绩一般，没有引起老师的重视。牛顿有一种特殊的爱好，就是喜欢手工制作。他经常把外祖母给他的零用钱，攒下来买斧子、凿子、钳子等木工工具。他做了风筝、日晷、漏壶等各种实用器械，因为做工非常精巧，常常受到同学和邻居的称赞。

牛顿十二岁时进入格兰汉镇格兰瑟姆文科中学。当时格兰汉镇上有一座高大的风车，人们利用风力来磨面粉。不少外地人感到很新奇，从老远赶来格兰汉镇看风车。牛顿看了风车回来后，精心制作了一个小风车，风一吹，叶片转动，加一点麦粒进去，就能像大风车一样磨出面粉。然而，风车没有风就不能转动。牛顿就用铁丝做一个圆圆的轮子，里面关了一只老鼠。老鼠在风车里踩动轮子，叶片飞快地转动起来，也能磨出粉来。牛顿开心地称它“老鼠开磨坊”。由此可见，牛顿不只是简单地模仿别人的东西，还具有创造性。

拥有好奇心的牛顿还善于思考问题，喜欢寻根问底。有一天，外边狂风怒吼，马路上一个人影子都没有。牛顿脑子里就产生了一个问题：“风力究竟有多大呢?”牛顿就跑出门去，独自在暴风中，先顺着风走过去，又顶着风走回来，看来回相差的时间有多少，然后计算出风的力量。

当时格兰汉镇中学的校长亨利·斯托克斯，是剑桥大学的毕业生。他很关注牛顿善于思考的特点，劝牛顿的母亲让牛顿到格兰汉来上学，并且愿意在经济上给予资助。于是，牛顿高兴地重新返回学校，并在那里读了三年书。这期间，牛顿对配颜色、几何问题、太阳时钟的理论和哥白尼的太阳中心说等问题，产生了浓厚的兴趣。

好奇心是成功的重要法宝。对于公认的成功者来说，最通常遇到的问题是别人向其讨教关于如何成功的秘诀。诺贝尔奖得主罗伯特·拉夫林说："每个人在孩提时都具有好奇心，但是成年后好奇心就没有那么大了，这非常可惜。一个人只有具有好奇心，同时加上努力才会成功。必须记住，你要听从内心世界的召唤，天赋是父母给的，而执著是自己决定的。"牛顿的成长正说明了这点。

的确，培养孩子的好奇心，以激发顽童在某一方面的兴趣，从而专一不二地去研究、去发展，定能成为人才。加德纳的多元智能理论说明，人的才能是多样化的，潜能的发展也是多样化的，可能我们看一个孩子口齿不伶俐，不是特别爱说话，但他对闹钟手表的拆卸很有兴趣，经常独自在默默鼓捣那些心爱的玩意。神童不是什么都超常，有可能记忆力超常，创造力超常，艺术超常，也可能体育超常，也有些孩子对数字有非凡天赋，能快速心算复杂的数学题，有的儿童能迅速准确地将公历日月转换为农历。

面对有好奇心的顽童，对家长有以下几点建议。第一，随着孩子慢慢长大，家长应该理智地逐渐扩大孩子的活动空间，让他走出屋外，奔跑在田间，奔跑于大自然、大社会，这有利于他的健康成长。有一位家长，带着自己的孩子去逛公园。到了该回家的时候，家长没想到，这个四岁的孩子竟然提出要自己骑着小三轮车，沿着人行便道回家。看着孩子热切的目光，家长犹豫了，孩子这么小，路又那么远，万一累坏了这棵独苗苗……但是又一想，自己可以走在孩子身边，安全没有问题，为了培养孩子应该给他一个空间，让他自己闯一闯吧。在家长的支持下，这个孩子用了 50 分钟，骑了 6 公里的路程，完成了自己的小长征。我十分佩服孩子的顽强精神，但我更佩服这位家长的魄力，敢于支持孩子合理的愿望，并协助他取得成功。其实，扩大孩子的活动空间，有各式各样的方法，有些非常简单，关键是家长想没想到。比如家中有四面墙，能不能给孩子一面，由他自己任意使用？如果不能给他一个桌子，也应该给一个抽屉供他全权使用。这样，他的责任感、独立性，才有条件得到发展。

每一个孩子都会无休止地提出一个又一个问题，但是如何让孩子去得到问题的答案呢？经验告诉我们，孩子爱不爱提问题，是关系孩子成材的一个重要因素，而孩子如何得到答案，则是关系孩子成材的更重要的因素。在孩子的心灵深处，顽固地认为：一切问题的解决都要靠别人提供的现成答案，这样的人永远不会探索真理，他总以为真理是需要由别人告诉他的。例如，有一位成功家长的经验是："孩子问我一个字，虽然我认识，但我不告诉她，而是鼓励她去查字典。以后，再有不认识的字，她也不再问我，而是自己去查字典。"这样，孩子不但是很早就掌握了自学的方法，更重要的是，他从小就培养了一种自主的意识，一种顽强钻研的精神，一种追求知识的兴趣和好奇心。

有经验的家长多是想办法给孩子设置一些困难，而且不限于生活方面的困难，让孩子去解决，从而培养孩子的能力和优良的品质。

一位家长在得知自己的孩子要被保送上大学时，他经过认真的考虑后，认为自己的孩子有考上大学的实力，就不应该这样轻松地被"抱"到大学去，而应该再拼搏一次。于是他严肃地和孩子谈了一次话，鼓励他用自己的力量再迈上一个台阶，孩子虽然有点担心，但还是在母亲的激励下决心再搏一次，最后以十分优秀的成绩考上了理想的大学。而更重要的是在这个克服困难的过程中，他又受到一次"战斗"的洗礼，精神世界又得到一次升华。

专/家/提/示：

的确，培养孩子的好奇心，以激发顽童在某一方面的兴趣，从而专一不二地去研究、去发展，定能成为人才。

淘气的孩子要从小学会主宰自己

我们要引导淘气的孩子从小学会主宰自己，就是为了今后使顽童不成为自身软弱的奴隶，不成为他人意志的奴隶。在人生道路上，培养这种心理品质的过程开始得越早越好。使淘气的孩子从小能养成自己认识自己，能有正确的自我认识能力，成为自己心灵的主宰，是极其重要的。

有些淘气的孩子因为从小受知识和生活经验方面限制，对感知认识往往作出不全面的甚至是错误的反应，有时会导致行为的偏差，作出错误选择，陷入错误的泥潭。

下面是一位中学生的自述，就是因为认识偏差，使自己的学习、生活走了一段弯路。我很小的时候父母就离异了，母亲一个人独立把我拉扯大，她把希望都寄托在我身上。我上小学和初一时成绩都还不错，但上初二后，因我感觉学习太苦，就处处想偷懒。开始是作业经常不自己做，到学校抄同学的。上学经常迟到，常被老师骂，老师越骂，越觉得学习没意思。后来，又迷上了上网，网络游戏的逼真画面和各式各样的魔法绝招让我如痴如醉，学习成绩直线下降。妈妈知道后很生气，严令不准我上网吧，可我不听，结果我一气之下待在家里不上学了。后来经亲戚和同学的劝说，我又去了学校，但根本就无法把心思放在学习上，上课不是开小差就是睡觉，成绩总是下游，结果老师多次批评，伤我自尊，我跟他吵了几架就收拾书包回家了。

后来，妈妈把我转到另一所学校。我来到新的学校后，老师对我很关心，不批评我，并多次鼓励我，这使我很感动。我和同学们也相处得不错，从此我又有了学习的欲望，便认真学起来，成绩也上去了，在班上还进入前三名，年级前十名，校长还多次鼓励我争取考上县中。我对我的学习和前途充满信心，终于以高分考取了县中，我感谢我的老师。

上述案例给了我们深刻的启迪：如果一个孩子生活在批评中，他就学会了谴责、对立、自卑；如果一个孩子生活在鼓励中，他就学会自信、积极、向上；如果一个孩子生活在认可中，他就学会自爱、自尊。作为教师，任何时候都不能忘记：孩子的身心敏感而脆弱，需要关心、呵护，哪怕是一句简单的问候，一个关切的眼神，有时也会让你因此而走进孩子的心灵，因为这是心灵对话的魅力。

教师要常常提醒自己：淘气的孩子也是活生生的人，教师与淘气孩子之间是活生生的人与人之间的关系。我们每时每刻都在与顽童进行着心灵的接触，只有我们全身心地关注他们的精神生活，关注他们的内心世界，给予他们最平等而又博大无私的爱，才能真正走进他们心灵，形成强有力的情感认识共鸣，明辨其是非曲直。

曾经看过这样一个故事：一个调皮、不守纪律、不爱学习、让班主任头痛的学生，被安排在一个特殊的角落——前门靠墙的地方。后来，来了一位新的数学老师，他仿佛特别喜欢这个坐在角落里的孩子，出来进去都要摸一摸孩子的头。孩子开始喜欢数学老师了，每天都渴望他来上课，成绩也就一天一天地好起来。许多年过去了，这位孩子已是一位有成就的数学家。说起当年的老师依然是泪光闪闪，饱含深情：“他是我的太阳，他让我的前途一片光亮。”

这难道不值得我们深思吗？这位数学老师之所以能做出这样的动作，应该绝对不是出于偶然，而是出于心对心的理解，心对心的呵护。是的，只有教师认为每个顽童就是一个世界，都是独一无二的，并且都应该得到老师发自内心的关爱，才有可能说出或做出如此富有教育魅力的话语或举动；教师要深深懂得自己的言行、自己的评价，哪怕一举手、一投足、一个眼神、一个微笑，对于顽童而言都是举足轻重的。教师要善于把握各种契机，想方设法通过各种有益的方式向对方传递爱的信息、赞赏的信息、期待的信息……这是一种心灵的对话。

当然，培养淘气孩子正确的情感认识，不仅老师与顽童要心对心理解和心对心呵护，还必须引导他们学会抵制诱惑。因为一些顽童无法抵制诱惑的主要原因在于他们有一种错误的观念，认为小小地享受一下没有关系，不算什么不良行为。其实，凡事有了开始，也就有了继续的可能性，渐渐地越陷越深，最终不可收拾。因此，我们的老师和家长要多劝顽童对一些明知不好的东西，就是不去碰它；明知不对的事，则都不去做，树立“勿以恶小而为之”的观念。

实践告诉我们，少数孩子成为顽童，起初大多数是由于情感认识出现了偏差。个人自尊心、集体主义情感、友谊感等方面停留在较低层次上，从而导致整天想入非非，精神沮丧，内心体验转向消极悲观，放弃高层次追求，变得眼光短浅，做出与学校规章相悖的事情，实质就是情感发展中的情感危机。我们家长和教师必须加强对顽童情感的培养，开展爱亲人、爱朋友、爱老师、爱学校、爱家乡、爱国家的教育，使其树立正确的人生目标，具有社会责任感，在学业上执著追求。我们只有引导顽童能以苦为乐，认识“知之不如好之，好之不如乐之”，实行心灵沟通，使顽童乐于学习，乐于刻苦，体会学习乐趣。这样，顽童感到学习是一种人生享受，就必然会刻苦学习，学习效果也必然事半功倍。

专/家/提/示：

使淘气的孩子从小能养成自己认识自己，能有正确的自我认识能力，成为自己心灵的主宰，是极其重要的。

真正的教育是尊重淘气的孩子

大多数淘气孩子的智商是较高的，分析他们成为顽童的原因，多数是因为他们在学习上与老师的要求出现差距后，老师经常给予批评，甚至是采用不当手段的教育，而导致产生对立情绪。其表现不是消极对抗，就是破坏性攻击，如课上有意不遵守纪律，课后追逐打闹，有时甚至唆使他人犯错误。这里有一个典型的顽童跟老师作对的例子："我们在课堂上故意捣乱，非气得老师动怒不可，正儿八经的学生，哪里有上课端着碗馄饨去的？我偏买碗馄饨在班里吃。上课有听随身听的，有泡方便面在课堂吃的，有三张椅子拼在一起躺着睡觉的。""那时候为了和老师作对，我们什么法子都想了，给老师的水杯里放感冒药，让他吃了犯困。给老师大衣领子上涂胶水，把吃完的口香糖粘在老师鞋里，把老师挂在办公室的钥匙偷偷扔掉……"

这些淘气的孩子与老师的对立情绪，导致思想品德的滑坡。要真正转变这些淘气孩子的学习品质和思想品德，需要我们教育工作者有一颗宽容的心。宽容是一种与人相处的智慧，是一种教育的层次，是一种无私的接纳。爱因斯坦曾说过："善于宽容是教师修养的情感问题，宽容中蕴含的理解、信任、平等，表明教育者对自己和教育对象积累了足够的信心，也浸透了一种于事业、于孩子们的诚挚和热爱。"

这里向大家介绍"一束鲜花"的故事。

王石同学在有些老师眼里，是一个非常调皮的学生。在学习上不求上进，课上老是搞恶作剧，上课经常迟到。为此，老师经常批评他。曾有一位数学老师说："王石这么调皮捣蛋的人，我们应该向校长建议开除他，别一粒老鼠屎坏了一锅汤。"就在前两天，数学刘老师喊"上课"，他在班长喊起立的同时，拿块尖石头迅速地放在前排同学杨蓝的凳子上。当刘老师说"坐下"时，杨蓝"唉哟"一声尖叫，杨蓝拿起尖石头向老师告状："老师，这石头是王石放的。"

两天后，班主任并没有对这件事去狠狠批评王石，也没有叫王石家长到校，而是捧着一束鲜花走进教室并郑重地讲："这束鲜花是一位家长送给王石的。昨天上午，一位一年级的学生突然肚子痛，并且疼得在地上打滚，就是我们班王石背着他上医院，并打电话叫来了他的父母。昨天上午他迟到了，我还批评了他，我在这里向他道歉。那位小同学的家长给他送来了鲜花。王石，上来接鲜花。"并对全体同学说："我们一起为他乐于助人鼓掌。”教室里响起了热烈的掌声，这是王石自进校以来第一次受到的表扬，他非常激动，泪水忍不住了，一滴滴掉在手里的鲜花上。后来，经班主任多次鼓励，王石就像变了一个人，学习成绩刷、刷、刷地往上蹿，期末考试竟考了全年级第二名。5 年后，他考上了清华大学。

真正的教育是对淘气孩子满怀着期待，真正的教师是对淘气孩子满怀着尊重，班主任的一句赞美、一番表扬改变了王石的一生。

作为一名教师必须要学会从不同的角度去观察、欣赏淘气的孩子，发现淘气孩子的闪光点，应让淘气的孩子在“我是好孩子”心态中觉醒，而不是在“我是坏孩子”的心态中沉沦。

对淘气孩子的道德认识的正确引导，老师还可以适当采用指导淘气的孩子每天抄写格言和写座右铭的方式，使淘气的孩子既养成良好的学习习惯，又从抄写的过程中受到潜移默化、“润物细无声”的影响。

著名教育改革家魏书生在他多年担当班主任的过程中，就非常注重这一点。魏书生当班主任时，每天让学生按学号轮流抄格言，并评比谁的格言写得认真，看谁的格言能量最大、最灿烂，四射的光芒能最大限度地照亮大家的精神世界。

格言有它独特的作用，春风化雨，点滴入土，日久天长，潜移默化，孩子的精神世界有了这些格言明灯的照耀，就会比昨天更明亮。因此对顽童的教育，我们可积极引导他们抄一些，学一些，如“乐观的人把困难当做帮助自己前进的机会，悲观的人总是在机会中首先看到困难”、“如烟往事俱忘却，心底无私天地宽”、“宁可人负我，不可我负人”、“聪明的人改变自己，糊涂的人埋怨别人”等格言警句，它对大多数淘气孩子的教育十分见效。

格言是淘气孩子针对自己内心深处弱点的选择，像良药一样治疗着他们心灵深处的疾病。因其来自于内心，在发生作用时，就把心理抵抗减到了最低程度。

专/家/提/示：

发现淘气孩子的闪光点，应让淘气的孩子在“我是好孩子”心态中觉醒，而不是在“我是坏孩子”的心态中沉沦。

鼓励淘气的孩子由他律走向自律

小强8岁上学，经常不完成作业，老师通报家长，家长只是对小强许愿：“乖乖，只要你把学习搞好，就给你买玩具，做新衣，还买好吃的。”这并没有促进小强学习上进，而是想方设法地骗家长，又出现了请人做作业、考试作弊等行为。对于老师的教育，小强产生对抗心理，甚至侮辱老师。家长对此并未严肃教育。从此，小强贪图享乐的邪念不断增长，任意花钱，发展到不告而“取”。

由于贪图享乐，花钱无度，家中的钱又难以偷到，于是就动了邪念。一个星期天，在离他家不远的地方，停靠着一艘拖驳。小强发现船上有一台轻型发动机，趁船员在前舱休息，拿起发动机就跑，后被人发现，打得鼻青眼肿。

初二以后，小强的成绩为全班倒数第一，门门挂红灯。同学鄙视，家长伤心，老师头疼。小强感到自己在学校是多余的，又学不进去，便主动退学了。

从上例个案中可以看出：由于父母对其子女陷入“爱的误区”，过于溺爱、放纵，对子女的要求百依百顺，滋长了孩子“老子天下第一”的意识，从而发展至难以教育的境地。

一些家长谈到教育这类顽童时显出十分无奈的神情，表示越大越难以教育，甚至有些不知所措。父母对孩子小时候只知宠爱，入学后变得急又怨，以后还会恨加痛，这就是一部分父母的心态。从家庭教育的角度看，这是不容忽视的问题。

我们常常发现，有的孩子步入初中已无学习兴趣。有些父母会抱怨孩子变“坏”，或者环境不好，或者迁怒于社会负面影响。其实，父母也许疏漏了，孩子的认知能力、知识基础也显出长期形成的累积缺陷，难以顺利地接受教师的知识传授。一个刚入学的孩子为了让母亲满足自己的要求，以哭闹、耍赖的形式进行“要挟”，从中窥视母亲的反应，以此来决定是否延续自身的态度。如果母亲予以迁就，天长日久，孩子必定会出现品行、个性方面的累积缺陷。在家庭教育中，由于父母在对孩子施加教育时缺少应有的重视，或者一时疏忽，很可能让孩子在认知能力、行为习惯、情感个性等方面渐渐“失足”。

由此可见，预防孩子累积性缺陷，贵在父母重视，贵在及早教育。因为在实际生活中，父母对孩子的宽容与生俱来，越是年龄小，宽容度越大。这样，早期抓住针对性强的教育契机便极为重要。父母作为孩子的第一任老师，一旦发现孩子在品行、学业方面的某种偏差，就要及时矫正。

到底我们的父母怎样才算真爱呢？无论家境艰难或富有，都应坚持让孩子读书，教会孩子吃苦，教会孩子克服困难。第一，在生活方面，坚持让孩子自立，培养其自理的生活能力，为孩子今后走向社会打下坚实的基础。这是关心孩子的将来，这是爱。第二，关心学习，不是只关心分数，而是要了解孩子在学习上的困难。每天重复一遍的嘱咐，实际上是没有关心到点上。第三，溺爱、宠爱都不是真正的爱，让孩子多吃一点苦，多负一点责任，克服一点困难，都是对孩子的最好锻炼，人的能力首先是从生活能力开始的。

学校也应将对顽童的教育放在极其重要的位置上，必须要求老师经常宣传行为常规，让顽童分清是非，掌握标准。顽童的是非观念和辨别能力是在正确的思想教育和舆论影响下逐渐形成的。对顽童进行准则的教育也许一两次难以奏效，或者说坏毛病一下子难以全部改正。这对老师来说，就需要表现出极大的耐心、细心，有诲人不倦的精神，对顽童谈一次话只要能使其改正一点点也应是一个进步，有了进步就要给予充分肯定。如果顽童心中有了准则，那么对其思想和行为就有着巨大的潜在积极作用。家长和老师对其进行准则教育时，要注重引导顽童在准则调控中强化自律，学会自我负责。

怎样培养淘气孩子自律呢？自律的培养应遵循一个规律：从自己到他人，从家庭到学校，从小事到大事，从具体到抽象。第一，自己的事情自己负责。家长和老师必须明确要求淘气孩子，凡是自己的事情要负责地做完，不能让别人来替你收尾；做错了事情不逃避责任，勇于承担后果和弥补过失。在淘气孩子逐渐长大时，家长应该及时告诫他们，人生的征途要靠自己跋涉，不管是狂风暴雨，是坎坷，是崎岖，都要自己坦然面对。要让淘气孩子懂得对自己的行为负责，不能游戏人生。在淘气孩子面临升学或生活问题时，首先要鼓励他们自己拿出意见，并尊重他们的选择。第二，注重对淘气孩子积极的责任行为的强化。对淘气孩子积极的责任行为及时强化是培养淘气孩子自律的一条重要途径。淘气孩子的责任行为常常表现在一些细小的事情上，如自己收拾玩具、整理书包、打扫房间等，父母要善于观察，在日常的小事中发现他们的闪光点，并及时给予强化。第三，通过自然后果惩罚，提高淘气孩子做出自律行为的自觉性。淘气孩子一些不自律的行为，常常会产生一些不良后果。如，记不住老师布置的任务，就会被老师批评；犯了错误老师批评后又不改，造成惩罚的逐步升级；答应别人的事没做到而又说谎，导致别人不信任等。这时，父母可采用自然后果惩罚法对淘气孩子进行教育。所谓自然后果惩罚，就是通过让淘气孩子承担由于自身不负责任行为所产生的后果，使他们切身受到自己不负责任的行为对自己和他人所造成的影响，认识并体会到责任的重要。

当然，对淘气孩子的教育，家庭、学校、社会各方面对他们必须提出明确的准则规范，使他们明是非、懂曲直、晓正误，再逐步引导走向自律，这是一个由外因向内因的转化，也是一个质的飞跃。只要淘气的孩子真正由他律变为自律，将来定能成“大器”。

专/家/提/示:

只要淘气的孩子真正由他律变为自律，将来定能成“大器”。

淘气是想得到老师的赞美

小杰是一个淘气的小男孩，自称“老杰”，同学们称他“淘气的老杰”。他在课上总是爱说话，老师讲课如合他的心意就插嘴。小动作也非常多，不是画画，就是唱歌，没事干就逗弄同桌的女孩，揪小辫，摸脸蛋，画书本，搞得别人听不成课，有时甚至打架，真叫人头痛。

在他身上的优点是表达能力非常强，说话滔滔不绝，头头是道，课上发言还有些与众不同的思想火花闪现，具有创新精神。

这样一个个性和自尊心很强的淘气孩子，一旦被伤害了自尊心，很可能一蹶不振，也可能跟老师对着干。

该校赵老师是怎样“收服”这个顽童的呢?赵老师首先就从他的长项能说会道这一点入手。一次上说话课，赵老师提供了三幅图要求学生编成小童话故事。赵老师本想让其他人表现一下，可他举起了手，老师恐怕他坐不住，就点了他。结果呢?他把这个故事编得既完整又精彩，既连贯又搞笑，展现了他的口头表达能力和表现能力。课后，听课老师都说小杰能说会道，表现力强。因此，赵老师决定“收服”他。一次班会课上，请他给大家讲故事，他非常高兴，回家后积极准备。讲了一个小骆驼和小白兔的故事：讲了怎样进行比赛，怎样成为朋友，最后互相帮助，老师认为他是从哪本书上看来的，他得意地说是自己编的。一年级孩子编那么长的故事，令人吃惊。

赵老师马上拥抱他，夸他聪明伶俐，表扬他，让全班同学向他学习，他当时激动得哭了——真的有效。

经过课堂上多次表扬鼓励，他上课纪律虽还有些难以控制，但学习积极性提高了。赵老师批评他和同桌不好好相处，他就不再动手动脚了；说他作业不认真，他就认真地做起作业；要求他尽力管住自己的手和嘴，后来也逐步改变了，还成为“三好学生”。

赵老师对“淘气的老杰”这样评价：“我们不能保证他今后能非常成功，但他现在确实已经成为一个自信的学生，这应该是成功的第一级阶梯，应值得我们老师欣慰。”

《赏识你的学生》一书中“淘气的老杰”的这个案例对我们教育顽童，引导顽童转化，培养顽童管住自己有一定的启迪作用。

很多学生有“亲其师，信其道”的特点，会因为喜欢一位老师而喜欢一门功课，同样也可能因讨厌一位老师而讨厌学习。一个被学生喜欢的教师，其教育效果总是超过一般教师。以上案例中赵老师是位有心人，注意观察顽童在学习过程中的每一个进步，能敏感地发现孩子的每一个变化，并及时做出表示，或是一个眼神，一句赞扬，一个拥抱。“淘气的老杰”就是在这种幸福的伴随中获得了自信，取得了一个个的进步。

心理学家威廉·詹姆士说过：“人性最深层的需要就是渴望得到别人的欣赏和赞美。”欣赏、赞美和激励是淘气孩子飞向成功彼岸的翅膀。

当淘气的孩子用各种方式来引起老师的注意时，他在给老师传递着一种信息：“我想得到老师的注意和赞美。”得到老师的注意与赞美对于学生来说是一种无与伦比的幸福，将进一步激发他做出更大的成绩。我们的老师要尽可能激励、期待、赏识这些顽童，使他们身上巨大的潜能被调动并发挥出来。老师的呵护使顽童感动，使他们找到自尊，找回自信，使他们在充满爱心的激励中，洋溢着创造的激情和进取的动力。

在学习方面，引导淘气的孩子真正成为学习的主人。我们教师除了要有博大的胸怀、宽容的态度，善用激励期待和赏识外，还必须在教学中有高超的艺术，尊重顽童的主体地位，确立学生为主体的教学观，讲究教学方法，引导他们主动学习，培养他们自主能力，使他们能有独立获取知识、系统整理知识、科学运用知识的能力。教师要从淘气孩子的心理、生理特征入手，着眼改善学生的学习方法，调动其学习主动性、积极性，提高学习效率，从而获得成功。即把“读”的权力还给顽童，把“讲”的时间让给顽童，把“议”的本领教给顽童，把“练”的情趣留给淘气的孩子。

我们家长如何使淘气的孩子形成主动学习的良好状态呢？不能过分督促。孩子动作慢了一点，忍不住要催促，孩子做作业，忍不住要去指指点点；成绩差了几分，少不了要警告几句。认为督促孩子越多，孩子进步就会越快。其实这样的结果往往事与愿违。总是被人督促着学习，孩子就非常被动，时间长了，也就失去了学习的主动性。适当的提醒、督促是必要的，但督促最终是为了孩子自己主动去学习，所以督促只能适当，而且要讲究方法。比如，孩子玩得久了，家长可以说：“你准备什么时候做作业呢?”提醒孩子学习要自己安排。督促孩子学习切忌唠叨，切忌大事小事都要干涉。在家长指责数落中，孩子绝不可能有积极愉快上进的情绪，很难进行主动积极的思考。培养良好的生活习惯，也不能过分督促，提出要求，就要求孩子一定做到。孩子有做不到的时候，家长非常坚决、简单地说：“必须做到。”不许拖拉和讨价还价，孩子做到了，就给予夸奖。这样才能促使孩子的自我管理、主动能力得到很好的发展。

要创造适宜孩子学习的家庭气氛家长应注意以下几点：第一，切忌说教气氛，注意一点一滴养成。浓厚的学习兴趣依靠一点一滴培养，令人乏味地说教会破坏适宜学习的气氛。要保持正常的家庭气氛，让孩子感到平和、宁静、有安全感。第二，切忌严厉气氛，注重营造宽松的环境。严厉的气氛并不适宜大脑思考。学习是大脑的活动，大脑如果处于恐惧和惊惶之中，是不可能出现积极状态的，用脑需要宽松的环境。有的家长在孩子做作业时，守在一旁，孩子稍稍做错一点，就厉声训斥，这种紧张气氛使孩子恐惧，大脑的思考被严重抑制、扰乱，严重妨碍孩子的学习。第三，切忌支配气氛，注意让孩子主动。家长要用心创造一种气氛，就是让孩子自己主动学习，而不是每天放学回到家就听从安排，什么时候做作业，什么时候玩，形成一种绝对支配和被支配的气氛，这对孩子学习是不利的。比如，一年级孩子刚上学，回家肯定要问家长：“妈妈，我现在做什么？”家长可以说：“你能自己安排好吗？不会的妈妈帮你。”

淘气的孩子形成自主调控能力的过程，实质上是一个不断实践的过程。自我调控属于能力范畴，在活动中表现出来，也有赖于实践活动才能形成。从淘气孩子自我调控形成的过程看，它是在老师循循善诱的教育、鼓励、欣赏，家长的良好环境熏陶，且顽童获得认同时家长和老师不断提出要求后，他们的认识得到提高，才去做符合教师与家长的要求、符合规范的事。经过反复的矫正、规范才能形成较好的自我调控。

专/家/提/示：

当淘气的孩子用各种方式来引起老师的注意时，他在给老师传递着一种信息：“我想得到老师的注意和赞美。”得到老师的注意与赞美对于学生来说是一种无与伦比的幸福，将进一步激发他做出更大的成绩。

求知欲望和好胜心理使孩子迷恋游戏机

在国外，电子游戏机迷多数为成年人。而在我国，大多数是青少年。由于电子游戏机的价格能为一般人接受，它正从街头巷尾的游戏室向家庭渗透。

自从玩具诞生以来，没有哪一种玩具能像电子游戏机那样，既使儿童着魔，又使成人上瘾。每逢孩子生日，或为了鼓励孩子更好地学习，或逢年过节表示庆祝，好多家长喜欢买一台电子游戏机赠给孩子。他们以为这样可以提高孩子的学习成绩，培养孩子的聪明才智，可是他们渐渐发现，他们的希望落空了。孩子成了游戏机迷，甚至超过了迷电视，学习成绩渐渐下降了。这时，家长们对着迷恋游戏机的孩子，只有埋怨、苦恼，而又不知怎么办才好。特别是有些孩子，上当受骗，利用游戏机进行赌博，赌输了，偷家里的东西出去变卖，真叫家长们叫苦不迭。

应该怎样来解决这个问题呢？是不是从此以后把游戏机毁掉，或者把它封存起来，不让孩子玩呢？这并不是一个好办法。

在家长购买游戏机的种种理由中，有益于孩子的智力开发被放在第一位，也就是说，家长对游戏机充满着希望，希望游戏机对孩子有所帮助。那么，打电子游戏机是不是一定可以开发智力呢？

北京大学的一位教授回答说："不可一概而论。"这位教授是专门从事人工智能研究的。他说，电子游戏机的出现是现代科学技术发展的结果，标志着人们的娱乐方式进入了高层次。它之所以受欢迎，是因为它的开发者摸透了人们的求知欲望、猎奇本性和好胜心理。这也是淘气孩子迷恋游戏机的原因。

目前市场上流行的电子游戏机，大致可分为如下几类：一类是智力型的，如与机子下棋、走迷宫等，培养逻辑思维能力；一类是教育型的，如开飞机坦克、搭积木等，获取飞行、建筑等常识；一类是娱乐型的，如排除障碍、擒妖降魔或赛车等；还有一类为混合型的，兼具上述几种功能。

在游戏机中，最受欢迎的是娱乐型，玩者只是机械地敲键盘，充其量只锻炼了玩者的机械反应能力。这种锻炼对大脑的帮助，对智力的开发远比不上打乒乓球、骑车等体育运动。

对电子游戏机的作用，不能加以夸大，应实事求是。它只是给孩子一个有趣的、形象的游戏伙伴而已。由孩子自己编制游戏程序，这也正说明孩子的智力已超过了游戏机。因此，每一个家长在认识了游戏机的作用以后，不能对游戏机抱有太多的希望。

北京大学的一位副教授说："青少年迷恋电子游戏机并不奇怪，一味限制解决不了问题，问题的关键在于正确地引导。引导的方法有两个，一是心理引导。要引导孩子不要从竞争心理向赌博心理发展。要向孩子说明，一旦玩游戏机变成了赌博，那就失去了玩游戏机的本意。而赌博是十分危险的，有些青少年就是从赌博开始走上犯罪道路的。二是具体指导，要把孩子的注意力吸引到计算机方面来。具体指导他们自己设计编制游戏程序，以了解计算机的工作原理、工作方法，如能做到这一步，孩子的知识水平和精神境界就会有很大的提高。如果家长对计算机方面并不太熟悉，可以请教对这方面有特长的同志，求得他们的帮助。”

专家们的调查和研究结果表明：儿童玩游戏机时，眼睛离屏幕的距离明显短于观看电视节目的距离。在玩游戏机结束时，有59%的男小学生和69%的女小学生说有眼睛疲劳症状，而且随着玩游戏机时间的延长，发生眼睛疲劳者增加，其中离屏幕距离不到1米者，发生眼睛疲劳者最多。有26%男小学生和32%女小学生的视力出现减退现象，随着玩游戏机时间的增加，男小学生视力减退增多，尤其玩120分钟以上，视力减退者明显增加。

因此，为了防止玩电子游戏机影响眼睛健康，专家们提议：屏距至少要1米以上，时间不超过1小时，同时应有短暂的休息时间。

专/家/提/示：

孩子迷恋游戏机，有心理因素，也有具体问题。必须认真地想办法加以解决，以免影响孩子的学习和成长。

在乱班中成长

有位家长说自己的孩子经常在乱班，班上乱哄哄的，根本无法学习，学习成绩有明显的退步。这位家长很苦恼。

解决这个问题，有人建议采用下列办法：一是向校方领导反映，要求改变乱班情况，或者要求调换班主任。二是调换班级或者到其他学校学习。三是干脆退学回家不上学。

以上这些办法有一个共同的缺陷就是以消极的态度对待乱班。有的根本就是错误办法，如退学回家不上学。孩子退学回家，那后果是不堪设想的。

而调换班级或转到其他学校去学习也不太可能，因现在都是就近上学，如果没有充分的理由，是不可能随便转学的。

再说，如果转到其他班级或学校，仍然是乱班怎么办？关于向校方反映要求调换班主任，这也是不太可能的，因为班主任是不可能随便调换的。

那么，有没有比较好的办法来解决孩子在乱班的问题呢？请看哈佛女孩刘亦婷父母是怎样解决这一问题的。

在拉开差距的三年级，那些靠在学前班的底子而领先的学生开始显示出后劲不足。婷儿则继续保持各科总分第一，语文、数学成绩仍继续领先。可她的班主任却越来越不安心。三年级上学期期末复习阶段，她竟然对学生们说："这学期的语文复习得靠你们自己了，因为我也要考试了（她在学习外语）。"这种不负责的态度引起了家长们的普遍反感，三年级下学期开学的时候，家长们一致要求学校调换老师。学校最终安排了一位教语文的男老师当他们的班主任。

原来的班主任所受到的惩罚就是失去了教语文课的资格，被学校安排去教别的副科课。正是由于她在应该训练学生养成良好学习习惯的一二年级严重失职，使得这个班最终成了难以管好的"乱班"。在懈怠的管理下，这个班形成了很糟糕的"班风"，老师在上面讲，学生在下面讲，婷儿经常向我们抱怨："竖起耳朵也听不清老师在讲什么。"

新老师刚上任的时候，还准备把这个班的工作抓一下。从婷儿的日记里看到：今天下午，我第一次感觉到当一个中队委是多么辛苦。因为原来我们什么都跟其他的同学一样，不做什么跟其他同学不一样的事。

直到今天下午，才听老师说，中队委要做那么多事。

新老师花了一个星期的时间停课整顿纪律，好歹开始上课了，谁知当天下午就因为课堂纪律太差，又停课了。我们干着急，使不上劲，只好对婷儿说："老师不讲课的时候，你就自己看课文，做课本上的思考题吧。"偏偏婷儿后座是个特顽皮的男生，不是扯婷儿的衣领，就是揪婷儿的辫子，整得婷儿想在课堂上自习都不得安宁。告诉老师吧，挨批评的时候，倒是老实了，老师一转身，他还是一如既往。

婷儿为此非常苦恼，问我们该怎么办？我们在吃饭时讨论了一会儿，建议婷儿利用写作文的机会请求调换座位。爸爸说："每个老师都喜欢爱学习的学生，只要你把现在不能专心学习的苦恼真实具体地写出来，并且表达出换座位之后好好学习的决心，老师肯定会满足你的愿望。"我补充说："就是老师没有满足你的要求，你也没受什么损失呀！"婷儿觉得我们说得有理，便抱着试一试的态度写了一篇稚气动人的作文。结果，老师批完作文当天就把那个调皮鬼和另一个调皮鬼一起换到了最后的座位上。随后，老师干脆让愿意听课的同学坐在前面几排，不愿意听课的同学坐在后面几排，讲 10 分钟课整顿 10 分钟纪律，就这样勉强维持着。

那时候，拖欠作业是婷儿班上的寻常事，这种坏风气对婷儿也有过不良的影响。有一次，婷儿因为懒没做数学作业，没想到第二天数学老师挨着座位一个一个地来批改，婷儿只好谎称没有带本子。凭老师的经验，一眼就看穿了实情，说："没带作业就是没做作业，现在补，请家长来。"

婷儿在一篇日记中惭愧地记下了这件事：回家后，我告诉了爸爸。爸爸要我把事情的经过好好地讲出来。我说了以后，爸爸问我："这种事情有几次？"我骗爸爸说："就这一次。"爸爸叫我再考虑一下，还对我说："要说实话。"我考虑一下，说："我刚才骗了你，还有很多次。"接着我就把我没有做作业一共有多少次说出来了。

正在这时候，我回来了，问是怎么回事。爸爸心情沉重地说："她拖欠作业，还撒谎。”

当时，我盯了婷儿一眼，生气地走进里屋，不理她。爸爸在一旁叹息着：“唉，你为什么要骗人？”我们的反应使婷儿深感羞愧，站在外屋低垂着头，不知怎么办才好。爸爸这才说：“犯了错误就站在这儿？你还不去做该做的事。”听了这话，婷儿急忙跑到卫生间去拿拖把，拖地的时候比哪一天都认真。

拖地和吃饭的时候，我们仍然不理她，直到吃完饭，我才问她：“你觉得这件事该怎么处理？”婷儿说：“我没有想过，只想过以后要好好地干，不再偷懒了。”

这时候，我们才开始跟她讲道理，让她明白这样两点：第一，做人要讲原则，不能随大流，一件错事决不会因为做的人多就变成正确的。第二，懒是万恶之源，多少人都是因为懒和骗而走上了犯罪的道路。

也许有人认为这样上纲上线有点小题大做，但我们认为，在品质问题上，必须防微杜渐，杀鸡用牛刀。此后，婷儿再也没犯过拖欠作业的错误，也不需要为了掩盖懒惰的后果而编造谎言。

就这样，别人在“乱班”一天天往下滑的时候，婷儿的学习和品德却在走上坡路。有一次大扫除，同学们打扫完厕所内外的卫生之后都玩去了，这时候突然刮来一阵大风，弄脏了刚打扫干净的地方。婷儿想起爸爸说过“做过了不等于做好了”，就独自一人又打扫了一遍。三年级上半学期期末，婷儿头一回当上了学校的“三好”学生。

专/家/提/示：

父母和孩子在讲道理时不要太生硬，可以试用举例子、打比方等形象的方法来告诉他。

下课有精神，上课打瞌睡

徐州有一位刘女士，给一家报社的编辑写信道：编辑同志：我儿子正在读初二，从一年前开始，儿子在学校一上课就“犯困”。为了能集中思想听老师讲课，他曾用各种方法试图驱走“瞌睡虫”，如用冷水冰，口含苦物，用指甲掐膀子，用针扎手等，可这些方法都无济于事。为防止自己趴在桌子上睡着，每天上课他只好一直用双手托着下巴，可就是控制不住瞌睡。怕老师发现，他只好硬撑着，那种要睡又不能睡的感觉折磨得他异常痛苦。下课后，同学们和他说上两句话，他就睡意全消，一切又恢复正常了，而上课铃声一响，“瞌睡虫”则又来了。一年来，我带儿子在当地几家医院进行了全面检查，结果一切正常。儿子平时的睡眠特别好，一贯是“倒下就着”，前不久他参加校运动会还拿了百米跑的第一名。眼看还有半年就要参加中考了，生性好强的他为了自己的功课不掉下来，放学回家后只好再拼命地补习老师课堂上所讲的内容，但很吃力。现在全家都为他着急，可又不知该怎么帮他。

那么，怎样才能解决这一难题呢？

第一，学生自己应该善于调节心理和生理状态，要善于减轻压力。徐州桃园小区的缪华同志说：“我 17 岁时只身一人在济南上中专，当时只要一进课堂就犯‘迷糊’，甚至一天六节课每节课都打盹，连课间十分钟也‘周游列国’。调到第一排在老师眼皮底下听课，喝浓茶，用圆规扎手等也都无济于事。为此，我去了好几家大医院，但却没什么效果。后来，我通过反思发现：自己的精神太紧张，总怕学不好对不起父母，心理压力太大；生理上，因为白天精力消耗得少，夜间睡眠就不好。于是，我先为自己心理减压，使生活规律化，加强体育锻炼，白天尽可能让自己多消耗体力，改善夜间睡眠。大约经过了一个学期时间，我才完全调整过来。

从以上事例说明，要克服嗜睡病，一定要调整好自己的心理、生理状态，减少压力，这样才能克服嗜睡的毛病。

第二，教师对孩子要多加体谅，不能因为孩子有嗜睡习惯就责备他们，嫌弃他们，要想方设法为孩子排忧解难。

常州卫校的孙同学在介绍他克服嗜睡病时说："我在初三时也曾有嗜睡的遭遇，我认为学习紧张是诱发'瞌睡虫'袭扰的原因。初三年级由于是毕业班，同学们经常要加班加点地复习，晚上十一二点休息是常有的事，第二天早上又要早起读书，在这样高负荷的状态下，第二天上课时打瞌睡也就没什么可奇怪的了，尤其是夏天和秋天，上课简直如'熬课'，想听也听不进去，恨不得抽自己几个耳光。好在我遇到了一位善解人意的班主任，她提倡：无论上什么课，一旦有同学犯困想睡，就主动站起来到教室后边的黑板旁听课。

这个建议一开始我没敢响应，原因是怕'丢面子'。后来离考试越来越近，再不认真听课就没'治'了，我也就管不了'面子'了，第一个站到了教室的后排。有了'榜样'，以后又有几个同学加入到'站听'的行列。老师对此行为不但理解，而且还表扬我们爱学习。我就是以这种简单方法战胜'瞌睡虫'的。"

这种方法是很好的，也是行之有效的。但应是建立在老师的理解基础之上的，如果老师不允许，那这种办法就无法实行。所以，老师能同情学生是克服"瞌睡虫"的重要保证。

上海有一位田先生，他说："记得我从初中开始，上课时也犯困，开始的时候还强撑着，后来忍不住了，索性就趴在课桌上睡。每次睡十几分钟就自然醒了，醒来后感觉精神特别好，至少可持续一个小时左右。后来自己感觉这样也不错，于是只要一打瞌睡，干脆就趴在桌子上先睡一会，醒来后再向周围同学了解刚才老师讲课的内容。这样一来，学习并没有受到影响，课程最繁忙的时候，我几乎每一两节课就要打个盹。开始时老师还干涉，后来发现了这个'规律'，加之我的学习成绩很好，也就不管了。我高考时以全校第一名的成绩考上了清华！后来，我意识到上课瞌睡可能与自己的身体状况有关，就试着练长跑。开始每天跑半小时，这样一周下来，基本可以保证自己一两个星期内上课不打瞌睡。这说明强健的身体对治‘瞌睡虫’是很有帮助的。”

第三，要解决孩子上课瞌睡的毛病，作为家长要多加注意，要开动脑筋多想办法，这也是克服嗜睡症的一个有效方法。

兴化的仲先生在信中写道：“我有过一段嗜睡的经历，那是同学们都拼命抢时间复习迎考的初三学年，我却意外地得了嗜睡症，一到上课就无精打采，老师讲什么都听不进去，像是夜里没有睡觉一样。后来，父亲从我严重挑食的坏习惯调整起，变换花样做出各种菜肴让我品尝，尽可能地让我营养均衡。与此同时，父亲对我进行心理疏导，他发现我由于某门功课学得不好，加上长时间复习迎考的压力，和担心考不上重点中学被人耻笑的心理，导致学习兴趣下降，产生厌学情绪。找到病根后，父亲还和我一起寻找最合理的学习方法。在父亲的理解和支持下，我在最后关头将差的功课补了上来，上课也有精神，成绩直线上升，并如愿以偿地考取了省重点中学。”

专/家/提/示：

每天跑半小时，这样一周下来，基本可以保证一两个星期内上课不打瞌睡。这说明强健的身体对治瞌睡虫是很有帮助的。

模仿是孩子追求新奇获得乐趣的表现

读读下面两个故事。

2003 年 9 月的一天，河南省偃师县府店乡双塔村东头，4 个六七岁的小孩在场院里游戏，旁边有两位家长正在用铡刀铡喂牲口的草料。晌午时分，家长们叫孩子们回家吃饭，孩子们不肯离去，家长们便扔下铡刀自己走了。7岁男孩李阳这时想起前天电视节目《铡美案》中包公怒铡陈世美的一段，就同几个小伙伴商量，也来演《铡美案》玩一玩。小伙伴们都表示同意。谁当“陈世美”呢？6岁的小女孩安娜指着身旁7岁的王辉说：“让他当陈世美，他坏，有泡泡糖不给我吃。”小王辉毫不畏惧，走到铡刀前躺倒在地，并把脖子置于铡刀底部。接着，7岁小孩王大伟，学着电视中包公的模样，到小河沟里用泥巴把自己涂成大花脸，然后手持刀把喊了一声“开铡”。音起刀落，只听“啊”的一声，王辉的脖子上鲜血直冒，几个小伙伴被眼前的情景吓得撒腿就往家跑。及时赶到的群众立即将小王辉送到了医院，幸因王大伟力气小，这一刀没有彻底铡下去。经过医护人员的抢救，才使小王辉幸免丧生。

2003年的一天，一名儿童在家中用易拉得领带，模仿上吊动作，结果弄假成真。他的父母发现后将他送到医院，这名9岁儿童已气绝身亡。

天津河东区两名12岁男孩，在观看了一部武打片后，非常羡慕其中飞檐走壁、呼风唤雨的大侠。两名男孩在互相打斗中模仿片中的情节，互相撕拉着从二楼台阶向下面滚去。结果一个磕得头破血流，一个摔得大腿骨折，双双被送往医院抢救。

天津和平区沈阳道一户居民家中的6岁男孩，在看了蒙面大盗的电视录像后，用其母亲的长筒袜套在头上模仿片中人物。可由于长筒袜弹力很强，套上容易退出难，孩子的脖子被勒造成窒息，幸亏其母亲及早发现，孩子才得以脱险。

由此说明模仿有正确、错误之分。只有正确的模仿才会给孩子带来好处，而错误的模仿只有百害而无一利。

有人说，模仿是儿童的天性，这话未必正确。但有一点是可以肯定的，儿童喜欢模仿却是不可否认的事实。

小朋友们为什么喜欢模仿呢？

根据一些资料研究，模仿大体上是由于下列原因引起的。

第一，为了满足追求新奇的乐趣。对孩子来说，世界上有许多新奇的东西，为了达到占有这些东西的目的，而从中获得乐趣，所以他们就产生了模仿心理。比如孩子看见火车很好奇，于是他就会用一张张凳子排成车厢进行模仿，自己坐在最前面做司机，嘴里还“呜——”地叫着。父母称赞他玩得好，孩子就会感到十分满足和充满乐趣。

第二，把自己想象成所模仿对象的愿望。儿童常常模仿他们崇拜的人。在一个俱乐部专门为男孩子们举行的宴会上，美国著名幽默大师维尔·罗杰斯注意到孩子们很喜欢一些餐具，把它们视为珍贵的纪念品，因而餐具一件件都不见了。轮到他讲话时，他带着那独特的笑容，开始从他的衣袋里拿出汤匙、小刀、叉子、盐瓶等，最后又从内衣里拿出了一个盘子。餐桌周围的孩子首先是无声地惊讶，接着是几声轻轻的笑声，然后是一阵阵开怀大笑，最后便是银质餐具碰撞时发生的铿锵声。原来孩子们一个个都把他们衣袋里的餐具全部拿出来了。孩子们为什么这样做，这是因为他们喜欢那位著名的幽默大师，见他把怀里的东西拿出来了，所以也把餐具拿了出来。

第三，对他人的喜爱的象征。有一个人问一个孩子为什么要慢吞吞地讲话时，那个孩子回答说：“老师说话就是这个样子的，她是个好老师”。有个孩子说话时习惯把舌头伸出来，他的同学问他为什么这样，那个孩子说他是受妈妈的影响，他妈妈说话就是这个样子。

以上是产生模仿的原因。那么怎样才能引导儿童进行正确的模仿和避免错误的模仿呢？首先，家长和教师做得对的，孩子就向他们学习。因为处在儿童和少年时期，人的活动范围主要是家庭和学校，社会需要和其他需要依赖于父母来解决，父母成了他们的第一任教师。所以儿童时期，首先模仿自己的父母和哥哥、姐姐。而后，教师在他们心目中的地位渐渐地高于父母，与父母争执时，总爱说：“我们的老师就是这样说的。”总之，父母和老师是孩子心目中的偶像，孩子首先是模仿他们。但是，有些事情父母和教师不一定处理得妥当，小朋友们要分析判断该不该学。

要注意净化家庭文化环境。有些家长不能抵制不好的、不健康的文化的诱惑，把一些乌七八糟的东西带回家，孩子不明事理，受了毒害。这是十分让人痛心的。

在家庭环境中，家长必须杜绝一切使孩子产生错误模仿的可能。在家中不打麻将，不念佛，不读凶杀小说，不看不健康的电视节目等。小朋友们发现这些不良现象要向父母提出批评，或者向老师反映，绝不要陷到泥潭里去。

专/家/提/示:

模仿有正确、错误之分。只有正确的模仿才会给孩子带来好处，而错误的模仿只有百害而无一利。

纠正孩子小偷小摸的行为

曾有这样一个三口之家，家庭经济虽然不很宽裕，但爸爸妈妈相亲相爱，对自己的孩子更是关怀备至，使这小小空间充满温馨和欢乐。

一天半夜，当孩子们熟睡之后，妻子悄悄将丈夫推醒，严肃地告诉他一件事。原来，他们的孩子寒假里和几个同学一起偷商店的东西，派出所已将妻子找去谈了这件事。

丈夫一听，顿时火冒三丈，他真想狠狠地揍小刚一顿。但他没有这样做，冷静下来一想，打又有什么用呢？孩子才 11 岁，以前从没有发生过这种事，只要能正确引导和教育，他一定能改过。于是，夫妇二人连夜商量了教育孩子的方法，统一了认识：第一，在孩子面前不要提起这件事情，以免日后发生口角揭小刚的短，刺伤他的自尊心，不利于孩子改正缺点。小刚的过错先由妻子同儿子谈，以后寻找机会再由丈夫同儿子谈。第二，对小刚只能批评，不能用冷言恶语挖苦，更不许打骂，应更加体贴他、关心他，要正确教育、引导。

三天后，丈夫提前下班，小刚也放学回家了。于是，父亲把事先准备好的一份法制报拿给儿子，让他看上面一篇关于“少年犯”的文章。儿子看罢，父亲就事论事，根据报上揭露的事实，给孩子讲盗窃者总是得寸进尺，永不满足，从而有愈偷愈烈的犯罪心理，孩子听得很认真，不断地点头。但这一次丈夫丝毫没有涉及孩子偷商店东西的事。

又过了一个星期，派出所将小刚盗窃挥霍掉的东西折款300元，令其原数退赔。丈夫从妻子那里得知，小刚为此事很着急，因为他知道家里去年已经欠了一笔债，目前没有多余的钱。丈夫想，现在是直接跟小刚面谈的时候了。

那天晚饭后，爸爸直接对儿子谈了其所犯的错误，给他讲了一番道理，最后说：“虽然咱家欠着债，但这300元钱，就是借，家里也一定替你赔上。不过有两点你必须记住：一是吸取教训，以后彻底改正，决不允许再有第二次；二是必须抓紧学习，从各方面严格要求自己。”听了父亲的教育，小刚发自内心地哭了，他真诚地说：“爸爸，你放心吧，我再也不干坏事了。”

从此，小刚真的变了，他把精力从与同学讲吃讲穿转移到学习上，学习成绩不断提高，期末考试，他的成绩在班上名列第一。

从以上事例可以看出，小刚父母对儿子用的方法是十分巧妙的，也是十分有效的。

那么，它究竟好在哪里呢？概括起来说，它好在有分寸地掌握教育方法。

第一，小刚父母对儿子的行为没有暴跳如雷，没有动武，而是正确引导，耐心细致地教育。如果打骂小刚，效果不可能这么好。可能小刚恼羞成怒，离家出走，后果就难以设想了。

第二，在教育的场合上小刚父母很注意分寸。不是在公开场合批评小刚，而是在家对小刚进行教育，更不是到学校去捅开此事。这样既保护了小刚的自尊心，又有利于孩子的转变。

第三，在教育的时间上，小刚父母很注意分寸。什么时候该做引导工作，什么时候该当面谈，安排得很妥当，这样小刚就很容易接受批评，而不产生抗拒心理。由于小刚父母在教育小刚犯小偷小摸行为时，分寸掌握得比较好，所以取得了良好的效果。

通过以上事例及我们的分析，对有小偷小摸行为的孩子，家长们在处理时，至少要做到下列几点：一是当发现孩子有小偷小摸行为时，千万要冷静对待。如果家长不冷静，火冒三丈，自己先乱了阵脚，对孩子的教育就掌握不了分寸。由于父母的不冷静，产生了许多不该发生的悲剧。如打死自己犯错误的孩子、打跑不争气的孩子等，这都是大家熟知的事实。二是要找出最佳的方法来处理孩子的错误。孩子犯了错误，既不要包庇，又要分轻重地深刻教育，最佳的方法是靠分析得来的。只要认真进行分析，那么，好的方法是一定可以找到的。在教育孩子的过程中，父母的教育方法一定要取得一致，如果各敲各的锣鼓，教育效果肯定不好。小刚之所以能教育好，他父母的意见一致是一个重要的原因。三是要求孩子不要有小偷小摸行为，就要求父母作出榜样。如果自己做不到，孩子也不可能做到。

专家建议：对于孩子的小偷小摸的行为，不要轻而易举地用“偷”这个字眼。这样，在心理上给孩子施加的压力小，更有利于教育。

专/家/提/示：

孩子有一种强烈的占有欲和冒险心理，做家长的要冷静分析孩子为什么有小偷小摸的行为，找出原因才能解决问题。

孩子吸烟更多的时候是想显示自己

有一位初三学生是这样讲述他的吸烟史的：上小学三年级时，本来很冷清的校门口一下开了好几家小店，各种零食、玩具几乎应有尽有。每天下课没事，我和小伙伴们都先要奔到那儿，有钱买点儿，没钱转转，过个眼瘾。可小店进货种类毕竟有限。就在我们快对这些东西失去兴趣的时候，一个平时鬼点子多的小伙伴阿里忽然发现玻璃橱窗内摆了好几盒香烟。

"不如玩玩这个？"他用力地向我们眨巴眼睛，凑到我们跟前悄声说。"一毛钱一支。"售货阿姨平淡地说价、收钱，又自然地从烟盒里抽出一支香烟。于是我们3个仅9周岁的小伙伴，躲在小店后面的小巷里，一人一口，抽开了生命中的第一支烟。

其实，"吸烟有害健康"这句话，我们从电视上、报纸上、生活中，甚至烟盒上都看到过，也或多或少明白些道理，可并不把它放在心上。一来年纪还小，管不住自己，二来我们只是偶尔玩玩，三来眼看大人们不但热爱抽烟，姿势也很酷，想学来一试，显得像个男子汉。

谁知道，我们从此不知不觉走上了吸烟这条路。很快，我们从轮着买烟，三人一天共一支，变成各自为政，每人一天各一支。不知从何时起，我不再用嘴吐，而是学会了用鼻孔冒烟，烟瘾也渐渐大了起来。过了一个学期，我开始偷爸爸放在家里的烟，或者用吃早餐的钱买烟，为防老师和父母发现，我抽烟的地点固定在网吧和厕所里。

小学毕业后，我和小伙伴们利用长假时间，好好交流了一下抽烟的"心得"。小孩子那种不辨是非的虚荣心，在我们用各自认为帅气的姿势吐出的一个个虚幻的烟圈里，得到了畸形的满足。

上了初中，学习一天天紧张，压力也一天天大了。我对烟的迷恋和抽烟频率却不但没有降低，反而与日俱增。到初二，我每天就能抽一盒烟。初二下半学期，我总咳嗽，精神也不太容易集中了。每天清早起床之后，喉咙里都有痰，容易咳嗽。只要天气一冷，就咳个不停。

有时候甚至咳一两个星期，咳得肺部像要炸了似的，很不舒服。爸爸妈妈赶紧带着我上医院，一检查，我得了咽炎，肺活量降低了。现在，因为身体的关系，加上面临中考，父母看我看得很紧，坚决不让我抽烟。可我虽然知道吸烟会使我病情加重，却还是离不开。更知道，对我这个已经有了 7 年烟龄的未成年“烟民”来说，戒一支烟容易，戒烟瘾却难于上青天！

11 月 26 日，南京某厂技工学校 16 岁的李某向同学赵某要烟抽，赵不给，李上前打了赵几巴掌。赵当晚找到陶某、程某、许某几人商议，决定给李某点颜色。次日上午，该校组织学生到玄武湖划船比赛。活动结束后，赵某一帮人在芳桥与李某相遇，4 人冲上去将李抓住。扭打中，陶某掏出了事先准备好的小刀，朝李某腹部连捅 3 刀，李倒下后，陶又朝其胸部捅了一刀，被当场抓获。事后，赵某自首，程某和许某也被抓获。李某在送往医院途中死亡。为了区区一支烟，竟惹出如此大祸。

面对如此严重的小烟民，家长应怎样来教育孩子呢？

第一，要教育孩子不吸烟，父母首先要以身作则，带头不吸烟。大多数孩子吸烟和父母吸烟是分不开的。每一位父母都需认识两点。一是吸烟确实对健康有很大危害，一支烟中所含的尼古丁可以毒死一只老鼠。香港大学的研究发现，于 2005 年死亡的香港中年男性中，有 31% 与吸烟有关。为了你的健康，同时也为了孩子们的健康，家长应该带头不吸烟。二是孩子吸烟不仅仅是吸烟问题，吸烟对孩子带来其他的负面影响也是很大的。孩子为了吸烟，可能会说谎、偷窃，甚至走上更严重的犯罪道路。作为家长，难道忍心使孩子走上这条路吗？所以家长不吸烟，对孩子的成长是大有好处的。

第二，家长要认真找出孩子吸烟的心理因素，从而对症下药，对孩子进行有效的教育。

造成未成年人吸烟主要有以下 6 种心理因素。

第一，追求派头和成人感的心理。少年时期是自我意识迅猛增长的时期，几乎从少年时代开始，许多学生就感觉自己是个“大人”了。这种强烈的成人感和独立感，驱使他们把吸烟当成证明自己已长大成人的标志。虽然家庭和学校禁止吸烟，逆反心理的驱动却使在校生吸烟比率不降反升。

第二，对科学宣传的怀疑心理。“吸烟有百害而无利”，这一点几乎人人都知道，但是有些青少年却认为：那么多人吸烟，不是都活得挺好的吗？也没见吸烟吸死的。在这种心理支配下，一些未成年人不加防范地成了“小烟民”。

第三，从众心理。周围人抽烟，自己逐渐受到影响，如父母吸烟，同学吸烟，对孩子影响很大。他们认为别人能吸，我也能吸。

第四，消遣心理。“饭后一支烟，赛过活神仙”成为一些青少年吸烟的主要目的。觉得“好玩”“像个神仙”的心理，使青少年吸烟率直线上升。

第五，源于青春期的模仿心理。影视剧中频频出现的吸烟镜头，是如今青少年吸烟率居高不下的一个重要原因。

第六，寻求心理寄托。不断加重的竞争压力，与父母间的代沟等，使青少年的心理支撑点逐渐变弱，需要寻求新的寄托。学习成绩不理想，与同学关系不和谐，家里父母吵架或被父母责骂，心理苦闷而借吸烟解愁，是一些青少年吸烟的另一主要原因。

专/家/提/示:

孩子渴望获得成人感，会下意识地模仿成年人的行为。有些孩子天真地以为抽烟才是成年人，男人不抽烟不够味，为了显示自己长大了，于是就叼起了烟。做父母的应该明确告诉孩子不要抽烟。

人小脾气大

孩子动不动就对大人发脾气，对大人十分不满意。孩子爱发脾气，一般是由以下原因引起的。一是反抗大人的某些行为。如当大人向孩子提出某种要求，并强迫他照办时，孩子就会用发脾气表示反抗。二是孩子的愿望不能达到时，以发脾气进行发泄。如当孩子想做某事，而受自己能力的限制，力不从心，心中着急，就容易发脾气。三是当孩子遇到冷落或觉得待遇不公平时，以发脾气来引起大人的注意。四是无论什么事情，只要孩子一发脾气，大人便俯首听命，什么都满足他，因而弄成了孩子以发脾气来要挟大人的习惯。五是有的大人本身性格暴躁，动不动打骂孩子，拿孩子出气，给孩子树立了一个坏榜样。孩子模仿性强，心中有不愉快的事，也就学着发脾气。

从以上可以看出，孩子发脾气都是有一定原因的。那么，怎样才能避免孩子发脾气呢？

第一，尊重孩子，提倡家庭民主作风。有的家长认为，孩子是自己生的，一切由父母说了算，要孩子怎样孩子就应该怎样，没什么商量余地，孩子在家中没有独立的地位，没有自主权。这势必引起孩子的不满和反抗，容易导致孩子发脾气。因此，父母应该抛弃家长制思想，把孩子当作有完全独立人格的、平等的人对待，与孩子说话要用商量、引导、激励的语气，而不要命令或指责，以免让孩子感到“无独立感”和“有压迫感”。

第二，正确对待孩子的需求。孩子由于年龄关系，不太了解满足需要是要受一些条件限制的，爱轻易提出这个那个的需要。对待孩子的需要，合理的又能实现的要尽量给予满足，以免引起不满；不合理的或者是合理但无法实现的，要向孩子说明道理，让孩子明白为什么不能得到满足。最重要的是要把家庭经济情况向孩子如实地讲清楚，家庭困难就是困难，不能隐瞒。比如孩子过生日提出请同学到高级饭店吃饭，这是孩子与一些富裕家庭攀比的结果，这时父母就应向孩子讲明家庭经济情况，以杜绝孩子的奢望。孩子也不会因为达不到目的而发脾气。

第三，引导孩子学会克制。发脾气是由于不会克制自己，所以教育孩子学会克制十分重要。

有一位家长写道：我 10 岁的女儿这阵子迷上了吃话梅。考试考了满分，作文受了表扬，弹琴有了进步，最想得到的就是一包话梅。女儿每每馋虫上来，就变着花样找理由要求奖励“半斤话梅”。

散装话梅一斤八块钱，比吃什么小食品都便宜，所以开始时我几乎有求必应。然而，时间一长我渐渐发现，话梅尽管好吃，但来得太容易了，女儿便不再珍惜。开始半斤话梅一个个数着吃能吃四五天，后来一个晚上就吃个底朝天，再后来扔三丢四专拣好的吃。而且，女儿变得得陇望蜀，每到商店都流连忘返，不仅想要话梅，还对巧克力棒棒糖等垂涎不已。后来，她愿望得不到满足，就经常对我发脾气。从这个事例说明，孩子如果不能克制自己，就会发脾气；克制了自己，也就能抑制发脾气。

第四，让孩子感到您永远爱着他，即使在批评他的时候，都是出自爱他的目的，这有助于避免孩子产生气愤或不平感，从而阻止了发脾气。

如果孩子正在发脾气，可以采取以下办法让他平息。一是冷处理法。即孩子发脾气时，大人们可以置之不理，孩子看到发脾气没人理睬，达不到什么效果，自觉没有意思，脾气也就自然平息了。二是注意转移法。如当孩子因为您不带他出去玩而大发脾气时，可以用他喜爱看的动画电视节目吸引他，转移他的注意方向。

专/家/提/示:

要提醒家长的是，不要在孩子发脾气时，您也向他发脾气。那样，就会使孩子情绪更加激动。同时也会让孩子觉得你也是用发脾气来解决问题的，容易模仿。

淘气的孩子喜欢摆阔气

在学校中，孩子摆阔的现象比较严重。请读下面一位家长的叙述。

儿子上初中三年级了，一个偶然的机会，我在他的书包里发现了一盒名片，不禁吃了一惊。仔细端详，上面印了这样一行小字：市供电局局长的儿子。底线上，家庭住址、邮编、电话一应俱全。

看着这彩印金边、制作精美的名片，我的心情沉重起来。13 岁的儿子如此炫耀，如何得了！回想起来，儿子的摆阔在小学五年级时就露出了苗头。那时候，一只电子表没戴几天就扔；同学过生日，找他妈妈要钱送礼，开口就是 500 元。一次，我拿出一支崭新的笔说，这是我评先进得的奖品，你拿去用吧。儿子瞥了一眼竟用嘲笑的口吻说："得了吧，你不怕丢人，我可替你难为情！"上初一后，儿子要玩照相机，一次学校组织学生去春游，把上千元的照相机丢了，回家竟轻描淡写地说："下次带叔叔的那部新照相机去！"新学期学校发了校服，儿子很讨厌，对妈妈说："书本上说穿着打扮，仪表风度是人的综合素质之一，我们从小就只会穿校服，对时尚、格调一无所知，将来怎么会穿着得体，风度翩翩地走向社会呢……"

在我沉思的当下，儿子回来了。说是难得放假，玩了一下午球。我问："打篮球？"他撇撇嘴："玩那破球多没风度，现在时兴玩保龄球，有派头！"

诚然，一代人有一代人的性格特征与精神追求，儿子有这种摆阔的心理离不开社会这个大环境。但我总是忧心忡忡，像儿子这样连早晨起来都要"闹钟"、"门铃"、"人呼"几种"武器"轮番上阵方能奏效的孩子，将来真能"挣大钱"、"做大官"、"当大老板"吗？我希望大家帮我弄明白这个问题。

这位家长暴露出来的摆阔现象确实使人吃惊。但孩子的摆阔仅仅是这些吗？不，远远不止。

在校园中比较严重的是人情债问题。小学生过节要送贺卡，中学生过节送礼物，过生日要请要好的同学和班干部到酒店吃一顿，使一些涉世不深的孩子们过早背上了“人情债”。

有位记者调查采访了南京市5所中学和5所小学的55名中、小学生，有50名学生承认，在过节、过生日或提拔当班干部时，收到或送出过礼物。礼物有手表、化妆品、首饰、艺术画、游戏机等，应有尽有。有一名初二学生，一年收到的礼物就装了满满的一个纸箱。有20名学生过生日时请过客，其中10名学生在酒店包间过生日、泡网吧、唱卡拉OK。这笔开支平均每个学生520元，最多的一位同学支出2000元。

有位初中二年级的学生说，他过生日时，52名同学给他送了礼物，他只好缠着收入不高的爸爸在酒店订个单间，请9名要好的同学吃一顿。他说：“外人过生日请过我，我过生日不请人家，同学会说我小气，看不起我。”

显然，这是摆阔气的又一表现！孩子没有经济来源，过早地涉足请客送礼，吃吃喝喝，对学生的人生和身心健康都不利。这种现象应杜绝，要还孩子一个纯真无邪的童年和少年。

对家庭经济条件比较优越的家长来说，应该善用财富，不能无节制地供给孩子浪费挥霍。这不仅造成孩子的摆阔，更是害了孩子。江苏省少管所教育改管科的工作人员说，少年犯中80%以上都是侵财型犯罪，其中不少少年犯的家庭经济条件非常优越，吃用无忧，却仍然走入歧途。家长在孩子的成长过程中，忽视品德教育，一味滥用财富是一个重要原因。

来自广州的一位年仅17岁的少年犯，父亲是建筑公司的老板，家财万贯。从初一开始，这个孩子就迷上了泡网吧。他父母平时忙于挣钱，教育孩子只看成绩报告单，只要成绩好，要钱有求必应。沉溺于

"网恋"的儿子摸准了父母的特点，虽然学业一落千丈，但他找到网吧老板替自己打印了一份"成绩单"，父母被蒙在鼓里。随着花钱越来越多，他已不满足向父母要钱，开始自己行窃。可叹的是，当母亲获悉儿子行窃的丑行后，生平第一次将儿子狠揍了一顿，下决心带儿子去自首。但走到半路，这位母亲的心又软了，心存侥幸指望儿子从此悬崖勒马。但逃脱了制裁的孩子带着钱跑到了外地，重操旧业，最终因抢劫、盗窃被判刑。

这都是父母滥用财富，纵容孩子的结果。一些家庭经济条件较好的父母都应引以为戒。

对经济条件不算富裕的家庭，要把家中的实际情况，如实地告诉孩子，使孩子杜绝浪费。也有不少经济状况一般的家庭，父母将家庭困难当成是一桩"罪过"。省吃俭用来满足孩子的物质需求，为孩子营造了一种虚假的"幸福"，反而造成孩子虚荣心的无限膨胀。现在的孩子太需要生活在"真实"之中了。

山东某法院最近审理了一起盗窃摩托车案，犯罪嫌疑人是一名 16 岁的男孩。这个孩子家境一般，平时各方面表现得都不错，父母也因此对他有求必应，养成了他想要什么就能得到的习惯。孩子考上中专后，向父母提出要买一辆摩托车，父母考虑到这笔开支实在是超出了家里的经济能力，拒绝了他。丧失了理智的虚荣心让孩子因此走上了犯罪道路。一个月内连盗三辆摩托车。更令人震惊的是，他在案发后仍然报怨，如果当初父母满足了他的要求，就不会走到今天。被判缓刑后，少年法庭找来他的父母，要求他们一定要将家庭经济的真实状况如实告诉孩子，并拿出一个月的生活费，让孩子来当家。一个月过去了，第一次尝到了生活甘苦的孩子主动提出要求，出去打工。在一家汽修厂，孩子每天要工作 10 多个小时，薪水也不高，他在思想汇报中写道："直到今天，我才知道挣钱不容易，才知道爸爸妈妈有多么辛苦。"少年法庭庭长告诫家长：家庭经济困难并不可耻，应该以此激励孩子通过自身的努力来改变命运，这才是对孩子最好的教育。

要加强对孩子进行勤俭节约的教育，是防止孩子摆阔的重要方法。而且，父母的身教更要重于言教。

读下面一个实例。

中学生国际信息学竞赛金牌得主小李从匈牙利载誉归来，在外面参加了大大小小热热闹闹的庆功会，而他的家里却平静如常，父母没有给他什么物质奖励。

多年前小李的母亲就给一家三口下任务：爸爸开好车，妈妈上好班、做好家务，小李把学习搞好。所以小李从小就养成了自己的事自己就应该做好的习惯。懂事的小李从不向父母提出任何非分的物质要求。每月零花钱他也从不乱花，攒到一起，学校要交一些费用时就可以不向家里要了。实在不够，他总会先问妈妈，家里有没有钱。每每遇此，小李的母亲都含着眼泪说："孩子，以后别这样问，你问得妈妈心酸，只要你好好学习，妈借钱也愿意。"

她还时常对小李说："妈妈不和别人的妈妈比，我不要金项链、金戒指，我只要我儿子有出息。我现在吃的苦比当年在艰苦环境时少多了，只要你好好学习，妈再苦也没什么。"

在父母的言传身教下，小李养成了勤俭节约的好习惯。每次春游、秋游，母亲总想给他买点饮料什么的，可小李却说："白开水最好，又能解渴又能洗手。"被选入国家集训队去北京集训前，妈妈要给他买套新衣服，但小李坚决不要："去比赛又不是去比哪个穿得好。"孩子越懂事，做妈的心里越不好受。小李的母亲常说："孩子，你生在我们这个家真是亏了你了，和别人家的孩子相比，在物质上家里给你的真是太少了！""那不一定，我如果生在条件好的家庭还不一定能成才呢！"

俗话说："家贫出孝子。"小李对这个清贫的家有着更多的依恋。当小李载誉归来时，清华大学许诺，小李高中毕业后可以免试入学，这是多少少年梦寐以求的事呀！可小李却说："如果能在家乡上大学更好，我不想离开家。"像这样懂事、这样勤俭节约的孩子，都是父母教育的结果。所以，要使孩子去掉摆阔气的毛病，父母对孩子只有加强教育。

专/家/提/示：

为了避免孩子沉溺杂物欲中，家长只有和孩子密切配合，才能取得明显的效果。

有时孩子说谎是自我本能的保护

孩子做错了事，会害怕、恐惧，为了避免受到惩罚就撒谎，企图蒙混过关。这是处于孩子自我保护的本能。

要求孩子不说谎，首先家长要检查自己的言行是不是有误导孩子说谎的可能性。如果一方面要求孩子不说谎，而另一方面自己的言行却在教孩子说谎，那么孩子是不可能不说谎的。

美国一位著名心理学家为了研究父母对一个人一生的影响，在全美选出50位成功人士，他们都在各自的行业中获得了卓越的成就；同时又选出50位有犯罪记录的人，分别去信给他们，请他们谈谈父母对他们的影响。有两封信给那位心理学家印象最深。一封来自白宫的一位著名人士，一封来自监狱的服刑犯人。他们谈的都是同一件事：小时候母亲给他们分苹果。

来自监狱的犯人在信中这样写道：小时候，有一天妈妈拿来几个苹果，红红绿绿，大小都不一样。我一眼就看见中间的一个又红又大，十分喜欢，非常想要。这时，妈妈把苹果放在桌子上，问我和弟弟："你们想要哪一个？"我刚想说要最大最红的一个，这时弟弟抢先说出我想说的话。妈妈听了，瞪了他一眼，责备他说："好孩子要学会把好东西让给别人，不能总想着自己。"

于是，我灵机一动，改口说："妈妈，我想要那个最小的，把大的留给弟弟吧。"

妈妈听了，非常高兴，在我的脸上亲了一下，并把那个又红又大的苹果奖励给我。我得到了我想要的东西，从而，我学会了说谎。以后，我又学会了打架、偷、抢。为了得到想要的东西，我不择手段，直到被送进监狱。

来自白宫的著名人士是这样写的：小时候，有一天妈妈拿来几个苹果，红红绿绿，大小都不一样。我和弟弟都争着要大的，妈妈把那最大最红的苹果举在手中，对我们说："这个苹果最红最大最好吃，谁都想得到它。现在，我们来进行比赛，我把门前的草坪分成两块，你们两个人一人一块，负责修剪好，谁干得最快最好，谁就有权得到它！"

我们两个人比赛锄草，结果，我得到了那个最大的苹果。

我非常感谢母亲，她让我明白了一个最简单也最重要的道理：要想得到最好的，就必须努力争取。她一直都是这样教育我们的。在我们家里，你想要什么好东西，要通过比赛，这很公平。

父母是孩子的第一任老师，上面第一位母亲对孩子起了误导的作用，由此种下了说谎的祸根，使这个孩子以后成为罪犯。所以，做父母者要求孩子不说谎，自己要慎重地注意自己的言行，切不可对孩子起误导的作用。

对孩子的说谎，要明确表示自己的态度，不能听之任之，更不能呵斥与打骂。

有一位父亲就谈了这方面的体会：每周六我才能与家人相聚。周日早晨，我在卫生间洗衣服，女儿一人在厨房吃饭。我问她："庆庆，吃完了吗？"女儿回答："没呢。"片刻，我又问："吃完了没有？"她回答："吃完了。"我心里很高兴。我就告诉女儿："出去玩吧。"女儿爽快地应声出去了。

等我忙完后去厨房，却发现女儿的饭还在那儿放着。我非常吃惊，女儿说谎了。她还不到 3 岁，就会说谎，真让人不可理解。

妻子回来后，我把此事告诉她，她也很惊奇。又到了星期天，吃饭的时候，我给她盛好饭，女儿皱着眉头，表示出极不想吃的样子，我没在意。刚吃了几口饭，女儿就“哎哟”起来了。我忙问：“咋啦，庆庆?”女儿显得痛苦不堪，说肚子疼。我忙让她去厕所。过了片刻，我朝卫生间喊：“还疼吗?”“还疼。”女儿在卫生间应声。再过一会儿，我把此事给忘了，叫她时，她在房间里玩呢。我进去催她快吃饭。她又皱着眉头说，肚子还疼，不想吃，我就没再理她。我把这件事又告诉了妻子，妻子说这是变着法儿说谎。怎么办呢？于是我找来女儿谈话，告诉她爸爸不喜欢说谎的孩子。从此以后，女儿就再也没有发生这种事了。

从这里说明，当孩子说谎时，父母应该表明自己的态度，不能听之任之。如父母听之任之，孩子还以为她的说谎是正确的。说谎不是小事，只有发现了加以教育，才有可能纠正。当然，在教育时不能斥责或打骂。

专/家/提/示:

孩子做错了事，像打碎了花瓶、弄坏了家里的电器之类，孩子就会害怕、恐惧，为了避免受到惩罚，于是就撒谎，企图蒙混过关，这是处于孩子自我保护的本能。

有礼貌的孩子受宠爱

有这样一个故事：日本的惠子小姐第一次来中国，她是专程来洽谈建立“中日和服生产会社”事宜的。当她走下飞机，接待的轿车已恭候多时。县接待办主任告诉她，接她的这辆车是县城里最高级的轿车。惠子心花怒放。

宴会毕，惠子回宾馆休息。也许是饮了几口酒的缘故，她双颊飞红，兴奋不已，看见服务台上有部电话机，便伸手抓起了听筒，可刚拨第一个号码，便被卡住，低头一看，原来号码圈上套着一把锁。

“干什么！干什么！”也许是声响惊醒了正在睡觉的值班小姐，她起身一把从惠子手中夺过电话机。

“我……打……电话。”惠子结结巴巴地解释。

“打电话先交50块钱押金！”值班小姐厉声厉气地命令。

惠子觉得有点目眩，白天一切美好的印象荡然无存。

“要打就打，不打拉倒！”见惠子发愣，值班小姐把刚打开的锁又准备锁上。惠子委屈的泪水夺眶而出，扭头离开服务台。

第二天，惠子没有将昨晚的遭遇告诉来看她的县领导，只是说：“这里的通信设施十分落后，出乎我们的意料，我必须马上回去向总部汇报这一重要情况。”

一桩稳赚外汇的大生意，就这样告吹了。这是为什么呢？显然是因为服务员小姐没有礼貌，损伤了日方代表的自尊心。从这件事可以看出，讲礼貌十分重要，千万马虎不得。

反之，一个孩子如果很懂礼貌，处处对人有礼貌，那么，这个孩子就会人见人爱，得到别人的宠爱。

有礼节的礼，有礼貌的礼；有大礼，还有小礼；有中国的礼还有外国的礼等等。在平时，我们只有加强学习，才能具有关于礼的知识。只有懂得了各种礼，才能真正地待人有礼貌。人们常说：文明礼貌是人的精神风貌和文化修养的表现，是长期养成的，而不是一朝一夕能养成的。说的就是礼的丰富性、多样性。不下工夫是不可能完全掌握的。

一旦发现自己在不知不觉中对别人有不礼貌的行为就应该想尽一切办法加以纠正，否则后果就会是十分严重的。下面这个事例就说明了这个问题。一次，一位阿拉伯青年使者出访欧洲某国，他带去大批的礼物，受到隆重的接待。国王和王后还专门为青年使者举行盛大宴会。不料，这次宴会，几乎要了这个青年人的命。因为他当着国王的面，将烧好的鱼翻了个背。该国法律规定，不能当着国王的面，翻动一切，违者必被处死，即使贵如王公贵族也不例外。

在大臣们的要求下，国王宣布要维护法律。不过他又讪讪地告诉青年人，为表示歉意，允许他提一个要求，任何与该法规无关的要求都可得到满足。

青年人反倒镇静下来，说："我只有一个要求，谁若看见我刚才做什么，就请挖掉他的眼睛！"

国王一怔，首先以耶稣的名义起誓自己一无所见，接着是王后，她是以圣母玛丽亚的名义……人群出现混乱，大臣们个个争先恐后地以圣保罗、摩西等圣徒的名义起誓否认。怪事出现了，谁都没有见过那青年人翻动过烧好的鱼。

青年人以自己的智慧，消除了一场杀身之祸。这个故事说明，一旦做了失礼之事，就应该设法加以补救。

专/家/提/示:

一旦发现自己在不知不觉中对别人有不礼貌的行为就应该想尽一切办法加以纠正，否则后果就会十分严重。

单调和乏味是孩子厌学的主要原因

王敬今年10岁了，才上小学二年级。并不是因为他头脑笨，而是因为他经常逃学，功课完成不了，成绩一塌糊涂，父母无奈，只好让他留级。因为王敬厌学，父母苦恼不已，不知该怎么办才好。

的确，有相当一部分中小学生都不同程度地存在着厌学情绪。从心理卫生的角度讲，厌学是腐蚀学生心灵的蛀虫。一个学生如果长期缺乏学习热情，没完没了地感到精神疲倦，最终会使他对一切学习活动兴趣索然，从而出现逃学或者其他一些问题。

中小学阶段正是学习的黄金时期，为什么有的学生会出现厌学心理呢？这需要从外部和内在两个方面来分析。

(1) 外部的原因

第一，学习活动的重复、单调和乏味。心理学研究表明，单调、重复、乏味的刺激易引起人们的疲劳和厌烦感。没有生机、缺乏灵活和变通的学习生活，某些学校片面追求升学率以及某些教师的教学无方，常导致此种情况的产生。

第二，受社会上不良风气的影响。不求进取、读不读书无所谓的不健康思想还在腐蚀着部分中学生和他们的家长。这与提高全民受教育水平，提高国民素质的时代要求是不相吻合的，必须坚决予以摈弃。

(2) 内在的原因

厌学情绪最主要是由内在原因引起的。

第一，缺乏求知欲望。如果一个人时时刻刻对知识有所期待、有所希望、有所追求，他就会常常处于精神振奋的状态，对学习就不至于有厌烦心理。在知识的餐桌面前，求学心切的人，总是如饥似渴，百吃不厌。反之，对学习无所期待、无所追求的人，才会把学习当做负担。

第二，缺乏动力。自以为上大学无望，混张初中毕业证或者高中毕业证就行了。这样的学生在学习上明显缺乏动力，满足于“做一天和尚撞一天钟”。所以，无论学什么都无精打采，难以激发兴趣。

第三，学习方法欠妥。由于学习方法不当，虽刻苦学习，却收效甚微。比如，不注意用脑卫生，学习上长期“单打一”，缺乏理解基础上的记忆等，自然不会感觉到学习的乐趣。

第四，学习上缺乏成就感。大凡厌学的同学，学习成绩都不理想，每次学习结果所得到的反馈都是消极的。长期得不到同学、老师、家长的肯定与赞赏，就会产生厌学情绪。

由于每个孩子产生厌学心理的客观原因和主观原因不尽相同，所以家长对矫正孩子厌学的对策也不能完全一致。

如何矫正孩子的厌学情绪呢？第一，要针对孩子厌学的具体原因加以分析，采取具体的对策。比如，有的孩子厌学主要是家庭气氛不和，家庭环境不良，家长行为存在严重问题等。父母就应从孩子的前途出发，改正自己的不良行为，改善家庭的不良环境和家庭气氛，给孩子温暖和理解，渐渐改变孩子的厌学状况，解决孩子的厌学问题。第二，从一般原则来讲，只要培养孩子良好的学习动机和科学的学习方法，就能从根本上解决孩子的厌学问题。

有些孩子厌学是认为学习是苦差事，很没劲。要解决这些孩子的学习动机问题，家长对待孩子的学习要有正确的看法和评价，要用具体的实例说明学习是为了自己的前途，为了自己将来能为社会作贡献。要向孩子说清楚，一寸光阴一寸金，寸金难买寸光阴；少壮不努力，老大徒伤悲。要把这些道理讲细、讲透、讲清，对孩子树立正确的学习动机会有帮助。

培养孩子的学习兴趣是解决孩子厌学的重要方法。家长要引导孩子从自己爱学的科目入手，强化孩子的学习兴趣。

不少厌学的孩子学习方法不对头，他们既没有适合自己的学习方法，也不主动学习其他同学好的学习方法，因此在题海面前束手无策，产生厌学的情绪。各门课的学习方法不同，家长应帮助孩子从具体的学习内容中找出适合自己的学习方法。孩子有了正确的方法，效率就会提高，也会培养起学习兴趣来。

专/家/提/示：

培养孩子的学习兴趣是解决孩子厌学的重要方法。家长要引导孩子从自己爱学的科目入手，强化孩子的学习兴趣。

加强孩子的时间观念

王蒙上初二了，学习成绩并不非常出色。妈妈认为他学习不好的原因是干什么事总是磨蹭，该急的时候也不急，起床浪费时间，写作业半小时能完成的，他能磨两个小时，妈妈为此说过王蒙，要求她珍惜时间。王蒙总是“左耳进，右耳出”，妈妈为此很烦恼。

时间意味着什么？这些年来流行的说法是“时间就是金钱”。实际上，在时间和金钱之间，还有效率和财富。也就是说，争分夺秒——提高效率——创造更多的财富才是现代人的时间观念。时间比金钱还要珍贵，珍惜时间就是珍惜生命。

历史上许多伟人、名人视时间为生命，对时间无比珍惜，他们的成功是因为他们做出了超出常人的努力。时间对每个人都是平等的，谁有紧迫感，谁珍惜时问，谁勤奋，谁就可以得到时间老人的奖赏。这个道理并不深奥。父母是孩子的第一任老师，珍惜时间，父母要以身作则。如果父母本身就是一个勤快的人，生活节奏快而不乱，自然会影响孩子。反之，如果父母整日饱食终日，无所事事，孩子自会有意无意地效仿，久而久之，其危害可想而知。孩子只有意识到这种危害性之后，才能珍惜时间，那就要走一段弯路。

时间是悄无声息流逝的。在每一段时间里，孩子所做的事情并不都是有意义的，有些甚至是在浪费时间和生命。很多孩子不懂得珍惜时间与父母对孩子的行为习惯有很大关系。如有的孩子爱睡懒觉，每天早上父母一遍又一遍地叫，直耗到不起床上学就会迟到的时候，孩子才匆忙起来；父母还得给孩子穿衣服，收拾书包，叠被子。这样做不但不利于培养孩子的时间观念，也助长了孩子依赖父母的习惯。在处理这类问题上，不妨让孩子尝尝自己耽误时间的苦果，有些孩子也会从中吸取教训，以后会渐渐养成按时起床的习惯。当然采取这种以自然后果惩罚孩子的方法，父母要根据孩子的心理变化和实际承受能力把握时机，灵活运用。

养成良好的时间观念是一个人做事成功的基本前提，但并不意味着全部。尤其是对孩子而言，良好的行为习惯是多方面的。在与孩子朝夕相处的岁月中，父母最了解也最熟悉自己的孩子，同时，父母有意无意间在孩子面前所表露出的一举一动，都对形成孩子的一些习惯性行为起着至关重要的作用。但由于一些父母的疏忽，总认为孩子还小，“树大自然直”，对孩子做事少闻少问，少导少管，对孩子正确的行为缺乏鼓励强化，错误的行为没有坚决制止住，久而久之，使问题变得愈为突出，好习惯没有养成，却养成了很多坏习惯。

时间，对于每一个人都是平等的，一天都是24小时。对待时间的态度不同，时间贡献的效益可就大相径庭了。鲁迅先生认为天才就是勤奋，他自己的成功，不过是把别人喝咖啡的时间“挤”出来用在了学习和工作上罢了。鲁迅先生对时间的比喻，道出了生命的真谛，一个“挤”字道出了生命的价值，生命的意义。若一辈子总是懒懒散散，无所作为，生命还有什么价值可言！若对时间没有“挤”的精神，想成就一番事业，岂不是懒汉做美梦——空想一场罢了。

为了不浪费时间，一切生活与学习用品，摆放要有序，要有定规。若摆得杂乱无章，经常会为找东西浪费许多宝贵的时间。要从小养成今天的事情今天做完的习惯，督促孩子把应该做的功课按时完成，不要随意将任务推延。切忌“明日复明日，明日何其多”的拖拉作风。在养成按时完成任务这个好习惯的过程中，父母要耐心细致地说服、帮助，不可性急、焦躁，更不可采取粗暴强制的办法。在督促孩子完成他排定的任务时，要着眼于时间观念的培养，而不仅仅是应付差事。

专/家/提/示:

时间，对于每一个人都是平等的，一天都是24小时。人们对待时间的态度不同，效益可就大相径庭了。

有自制力的人独立性强

有自制力的人独立性强，有自己的主见，不容易受到环境和他人的左右。一个人要想有所成就，就需要具备较强的自制力。

自制力的形成并不是孩子自己的事，父母要从小对孩子进行正确的教育。一位家长讲述了这样一个故事："儿子今年 12 岁了，可一点儿自制力也没有，没有一件事能从头做到尾。拿起一本书，还没翻上几页，就扔到一边；学习不了多长时间，就去看电视。这可怎么办呢？"许多父母常为孩子没有自制力而烦恼不已。确实，孩子的自制力差不但会影响到他们的生活、学习，而且还会影响到其今后的发展。

瑶瑶是一名初三的学生，现在正面临中考，学习很紧张，但每天做功课时，她都管不住自己。刚开始的几道题她还是认认真真地做，但没过半小时，她就坐不住了。一会儿起身去喝水，一会儿吃东西，一会儿又上厕所，反正她总有理由不写作业。瑶瑶不光在做作业这件事上没有自制力，在其他方面也这样：跳舞可以说是她喜欢的事，但当老师教完一段后，她练习起来从来不会超过三遍，对动作的要求也是马马虎虎。由于这个，她总挨老师批评。瑶瑶自己也觉得很苦恼。她感到现在面临中考，这种状态根本不可能取得好成绩，但她想管住自己却做不到，好像总有一种无形的力量支配着她离开自己应该做的事。那么，瑶瑶自制力差的坏习惯是如何养成的呢？

原来，瑶瑶是家中的独生女，父母把全部希望都寄托在她的身上，从很小开始，父母就对瑶瑶进行了早期教育。先是弹琴，后是画画、念英语、算算数。看到女儿这样辛苦，妈妈很心疼，在瑶瑶学习的时候，经常会送来零食什么的。小孩子禁不住诱惑，时间一长，形成了习惯，没有零食就不能把事做下去。她做事的时间不能长，并且总是坐不住，注意力不集中，不能安心学习，所以学习成绩总是不理想。每当考试成绩出来时，瑶瑶看到自己那可怜的成绩都会很伤心，有时甚至会大哭一场，暗下决心一定要认真学习。但几天之后，她就会把自己的痛苦抛于脑后，还是控制不住自己。

现在的独生子女缺乏自制力是一种普遍的现象。父母总以为自制力可以由孩子的主观意识来控制，孩子之所以在关键时刻没能管住自己，完全是他们“不愿意管”和“不使劲管”造成的。其实，这冤枉了很多孩子。孩子自制力差有许多原因，如外部世界诱惑太多，或早年未形成有始有终的良好习惯，缺乏自己的人生理想和奋斗精神，以及生理因素等。其实，孩子自制力差，家长具有不可推卸的责任。有的父母看到孩子辛苦一点儿就承受不了，总是嘘寒问暖，导致孩子不能专心地做一件事；有的父母忙于工作，无暇顾及孩子，难得和孩子在一起玩耍和说话，长期的紧张气氛，使孩子不能心平气和地去做事，总是追赶着应付新变化。

孩子自制力差的坏习惯是多种因素长时间累积的结果，所以纠正孩子的这种坏习惯也需要长期的过程。

（1）将目标具体化

心理学研究表明，人很容易受短期的、比较具体和明确的强化物所左右，而不容易受遥远的、比较抽象和模糊的东西所影响。学习虽然意义重大，涉及孩子未来的生存和发展，可对孩子而言，毕竟是比较遥远和抽象的；而看电视、吃零食之类的事情是一种十分明确的诱惑，可使孩子获得即时的满足，因此孩子常常不能抗拒后者的吸引。为此，就特别需要父母想办法，把一些长远的目标具体化，增强它们的激励性。

（2）减少干扰

当孩子安心做一件事时，父母不应随意打断他而让他做另外的事。但在完成一小部分学习内容后，可以让孩子休息一会儿，吃点好吃的，玩玩小玩具，听听歌曲，做做操，以此来作为孩子完成一项阶段性任务的奖励，而不至于使孩子的学习太乏味。

（3）集中精力干一件事

家长要注意孩子在平时的表现，当孩子做事不彻底时，要鼓励他把事情做完。不管是在孩子玩积木还是画画时，都不要把所有的玩具和用具一股脑摊在孩子面前，以免分散孩子的注意力。

（4）培养孩子的兴趣

从孩子感兴趣的事情中选出一项让孩子坚持下去。因为孩子的经验不足，感兴趣的东西有限，所以要尽量让孩子多接触新事物，从中培养孩子的兴趣。兴趣是最好的老师，孩子感兴趣才有可能坚持下去。

（5）努力成为孩子的朋友

父母要常常鼓励孩子，经常和孩子倾心交谈，让孩子知道你一直关心他、爱他，从而使孩子产生做事的积极性。如果父母对孩子努力做的事不闻不问，这样就会使孩子感到失望，而放弃手中的事。

专/家/提/示：

有自制力的人独立性强，有自己的主见，不容易受到环境和他人的左右。一个人要想有所成就，就需要具备较强的自制力。

忌妒心是消极因素作用的结果

忌妒是人类的一种普遍的情绪表现。忌妒之心，人皆有之，即使是孩子也不例外。我们常看到两三岁的孩子看到妈妈抱起别人家的孩子，他就会很快地跑过去，闹着立即要求妈妈抱自己。虽说忌妒是一种可以理解的正常情绪反应，但这并不意味着家长可以采取听之任之、放任不管的态度。因为经常的忌妒反应情绪，会演变为人格的一部分。另一方面，孩子忌妒心过强，也容易受外界的刺激，而产生诸多不良情绪，不仅影响进步，而且对身心健康极为不利。

卢刚事件，可能大家并不陌生。卢刚的学习成绩一直十分优秀，他于1986年赴美留学，据说他的博士资格考试成绩创下了爱荷华大学的纪录。就是这样一位优秀的学生，其行为却让人倍感震惊。

那是1998年11月1日下午，美国爱荷华大学的物理大楼三层的一间教室内，几个教授和研究生正在进行有关天体物理的讨论。3点30分左右，一直参加讨论的中国留学生卢刚突然从口袋里掏出一把手枪，首先对准自己的导师葛尔兹开了一枪，葛尔兹教授应声倒下。接着卢刚又不慌不忙地对准旁边的史密斯教授开了一枪，史密斯教授也倒在血泊里。之后卢刚把枪对准了自己的同学山林华，只听到“呼”的一声枪响。当教室里的其他同学被吓得目瞪口呆、惊惶失措的时候，卢刚匆匆离开了教室，跑到系办公室，一枪击毙了系主任。然后又走进行政大楼，向副校长开了一枪。最后的一枪，他是对准自己开的。

卢刚的所作所为，显然是经过精心策划的。然而他作案的动机，竟简单得让人难以置信。他认为葛尔兹教授在毕业论文答辩时有意刁难他，致使他没有取得博士学位；另一个原因是，晚来一年的山林华不仅受到教授的青睐，而且还比他早拿到博士学位。最让他忌妒并难以容忍的是，山林华还得到了他渴望得到的竞争优秀论文荣誉奖的提名。

面对这样惨痛的事件，不能不引起我们的深思。希腊的一位心理学家曾说：“忌妒是一种十分自然的反应，每个孩子都会有。孩子的忌妒心从很小的时候就会有反应。引起孩子忌妒的原因极多，在很多情况下，这种忌妒会达到折磨人的程度。”当然，忌妒的范围也是很广的，包括忌妒人、忌妒事、忌妒物。手段也多种多样，有的挖空心思采用流言飞语进行恶意中伤，有的付诸手段卑劣的行动。

实际上，忌妒本身就是一种自私的表现，会使人在处理问题时完全以自己为中心、情绪化反应强烈、自控力差、缺乏理性，很难对事情的利弊做出恰当的判断。忌妒对个人、集体和社会均起着耗损作用，是一种对团结友爱十分不利的情感。这种缺点如果保留到长大以后，那么孩子就很难协调与他人的关系，很难在生活中心情舒畅。因此，对于家长来说，要注意纠正孩子的忌妒心理，建议从以下几点入手。

（1）忌妒心理产生的原因

儿童产生忌妒心理的原因是多样的，但归纳起来，主要是孩子内在的消极因素和外部环境的消极因素相互影响、相互作用的结果。

如在竞争中受挫会导致他对成功者的忌妒；因教师对他人的表扬而产生忌妒；因自己容貌欠美、身材欠佳而对生理条件优越的同学产生忌妒；因自己家境贫寒而对家庭社会、经济地位高的同学产生忌妒等，再加上不当的家庭教育方式使得孩子渐渐缺乏自信，心胸狭窄。只有了解了孩子忌妒心理产生的原因，家长才能有针对性地进行教育。

（2）正确的自我认识

“金无足赤，人无完人”，每个人都有自己的长处，也有自己的不足。所以，作为父母，不但要正确地认识孩子，还要帮助孩子形成正确的自我认识。孩子都喜欢受到表扬和鼓励。表扬得当，可以增加他的自信，促进他不断进步；如果表扬不当，就会使孩子骄傲，不能正确地进行自我评价，甚至当有人说别人好而没说他好时，他就难以接受。例如人家取得了成就，便误以为是对自己的否定，对自己是威胁，损害了自己的“面子”。其实，这只不过是一种主观臆想。一个人的成功不仅要靠自己的努力，更要靠别人的帮助，荣誉既是他的也是大家的，人们给予赞美、荣誉，并没有损害自己。而孩子之所以产生忌妒心理，是因为他还不能全面地看问题，不能对自己和他人进行正确的评价，这就要求父母在与孩子相处的过程中，要注意让孩子正确地认识自我。

（3）具有分析思考问题的能力

教给孩子客观地看待和分析问题的方法，培养孩子分析思考问题的能力，不仅能使孩子正确地认识自己，正确地对待别人，还能使孩子的理智思考得到较好的发展。平时，家长要有意识地创设环境，营造氛围，让孩子从日常的生活中，从家长的处世哲学中，体会到“强中更有强中手”，“人人不如己，处处占上风，事事要拔尖”的人是没有的。如果家长设法使自己的孩子养成分析问题、研究问题的习惯，孩子的情感就会不断丰富，心理就会日趋成熟。这时，即使孩子对某人产生了忌妒心理，也会很快被理智的思考所控制。

（4）具有博大的胸怀

有忌妒心理的孩子，往往有自身的性格弱点。如，与人交往时，喜欢做核心；当不能成为社交中心时，就会发脾气；不会感谢人，易受外界影响等。对有性格弱点的孩子，家长要悉心引导。在孩子面前，对获得成功的人多加赞美，并热情鼓励孩子虚心学习他人长处，积极支持孩子通过自己的努力去超越别人、战胜自己，使孩子的忌妒心理得到正当的发泄。对遭到不幸的人给予同情，不可纵容孩子幸灾乐祸，以助长孩子的忌妒心理。对孩子的挫折，要耐心地同孩子一起做认真的理性分析，帮助孩子找到失败的原因，支持孩子再做努力，绝不可让孩子怨天尤人，垂头丧气，一蹶不振。要使孩子经得起任何风吹浪打，对别人的成功感到由衷的高兴，对他人的不幸给予深切的同情，对自己的失败具有再造成功的信心。

专/家/提/示：

孩子一般都有较强的好胜心理，总是希望自己比别人强，为了在和别人的比较中获胜，孩子们往往使出自己的最大本领。如果还达不到目的，就会产生强烈的忌妒心理。

纠正孩子半途而废的坏习惯

日常生活中，我们常见到有些孩子尤其是独生子女学习没有恒心，不是虎头蛇尾，就是半途而废，不能持久，不能善始善终。

很多孩子都喜欢在每一个新学期开始时，为自己制订一个学习计划。最初几天还能完全按照计划学习，到后来，却渐渐松懈下来，最后甚至完全抛开了原定的学习计划。

调查显示：大多数学龄孩子在学习上都有这种半途而废的不良习性。课堂听讲，前20分钟比较认真，后20分钟就坚持不下去了；做作业一遇到疑难问题就打退堂鼓；作文前几段文字书写工整，到后面就渐渐变得凌乱潦草，以至成了无人能识的“天书”；原打算坚持每天早读一小时英语单词，刚开始有新鲜感还能坚持，过一段时间就放弃了。

学习中的半途而废对学习效果影响极为严重，同时，更不利于孩子形成健康、规范、严谨的学习作风，它所造成的后果不仅严重，而且贻患无穷。因此，每个家长对孩子的这一坏习惯不能掉以轻心、视而不见或迁就放任，要引起足够的重视。

一个远足者去远游。他可以没有水，可以缺少食物，可以没有火车飞机……很多东西都可以没有，但有一样东西是决不能缺少的，那就是持之以恒的精神。只要能坚持，一直走下去，迟早都会抵达目的地。坚持的结果就是成功的来临，成功总在坚持之后。

王羲之长年累月苦练书法，成就“天下第一行书”的盛名；达·芬奇画蛋在单调枯燥的动作中坚持下来，成为享誉世界、流芳百世的艺术家；因为坚持，登山者才攀上珠峰；因为坚持，张健才征服了英吉利海峡；钱钟书坚持每天进阅览室，才有“横扫清华图书馆”的豪言壮语，成为学贯中西的大学者；高考状元刘伟琳多年来一直坚持记日记，才有高考场上文质兼美，获得满分的优秀作文。

假如他们都半途而废，没有坚持到底，恐怕若干年后，后人的记忆里又会少几页辉煌的篇章。

学习就是一个坚持的过程。坚持到底，学业必然有成。正如巴斯德所说：我唯一的力量就是我的坚持精神。

对家长提出以下几点建议。

第一，培养孩子持之以恒的意志力。对于意志力差的孩子，家长要注意激励他们，锻炼他们的意志力。当孩子遇到难题准备放弃时，家长要给他打气，鼓励他想办法坚持下去，遇到任何困难，都不能轻言放弃，要耐着性子坚持到底。孩子有了较强的意志力，有了不甘落后的决心，那么学习就有了强大的动力，学习起来就会坚持不懈，一气呵成。

第二，学习目标要适合孩子的能力水平。许多孩子学习之所以半途而废，有一个很重要的原因，是家长、老师给他们的题目太难，目标太高，孩子即使用尽全部力量都无法顺利完成，这会对孩子的自信心造成极大的伤害。失去自信心，孩子又怎能坚持学习、毫不懈怠呢？

第三，家长要降低对孩子的期望值。家长们望子成龙、望女成凤的心情急切，对孩子寄予厚望，希望孩子将来大有作为，干一番惊天动地的大事业。虽然家长们的愿望是好的，但这会给孩子造成沉重的心理负担，从而挫伤他们的积极性，孩子就会产生消极、逃避的心理，最后也会导致学习半途而废。因此，家长要根据孩子的实际情况，调整自己对孩子的期望值，减轻他们身心上的压力，让孩子有一种“跳一跳，就可摘到果实”的感觉。这样，孩子就会在一个宽松的环境中一直走下去，学透彻，学精到。

此外，家长要监督、引导、鼓动孩子学习。任何孩子都有惰性，在学习的过程中，免不了偷懒而停下来，或者在学习中遇到解决不了的问题而沮丧颓废，以至放弃。因此，家长应对孩子的学习过程进行监督、鼓动，并适时给予指导，帮助他们克服惰性，克服软弱，增强信心，保持学习的连续性。长期坚持下去，孩子就会养成持之以恒的习惯，也就不会出现半途而废的现象。

专/家/提/示：

学习就是一个坚持的过程。坚持到底，学业必然有成。

孩子要学会正视自己的缺点

张太太正读高一的宝贝儿子又给家里惹了点儿小麻烦，已远不只从前因为好奇把学校水池里的鱼抓出来晒太阳那么简单。“我要调班！”儿子气势汹汹地对母亲说。“我讨厌语文老师，那个没有水平的家伙，不配做我的老师。”儿子咬牙切齿地说。因为“没有水平的家伙”这次又给他的作文打了60分，这已经是本学期第三个60分了。“是可忍，孰不可忍”，这个男孩子的确有些愤怒了。于是，今天的语文课上，毫无准备的语文老师在讲读《春江花月夜》时，因磕巴遭到了男孩几声冷笑，以此为导火索，两人唇枪舌剑，男孩撕掉了这次又被“枪毙”的作文以示抗议，在全班注视中昂首阔步，潇洒离校，一时传为“酷谈”，当然这是在他奋笔疾书了4份检讨书之前的事情。

于是张太太带着儿子去找心理专家。心理专家分析了孩子的症状后给他讲了下面的故事：好蛤蜊，坏蛤蜊？

一个人回忆自己童年的时候说，自己最喜欢做的一件事情就是帮妈妈检查买回来的蛤蜊有没有坏的。因为，蛤蜊的外壳看起来都差不多，如果不小心让一个臭掉的蛤蜊混在新鲜的里面，那整锅汤就糟蹋了。因此，虽然是一件小事情，意义却非常重大。检查的方法是左手先拿住一个蛤蜊，再用右手捡起其他的蛤蜊，一个一个地敲敲看，如果敲出的声音是结实的，就是新鲜的；如果声音是虚的，有点沙哑，不管它的口闭得有多么紧，还是臭蛤蜊。

有一天，母亲买回一包蛤蜊，又由他来做“鉴定”工作。出乎意料的是，居然“所有的”蛤蜊都是坏的！他简直不敢相信自己的耳朵。他一个一个地再敲一遍，仍然没有一个是好的。那种感觉就像是一个警察去公共汽车上抓扒手，结果发现一车人都是扒手！母亲对此也非常惊讶，因为那个卖蛤蜊的人从没有骗过人。于是她亲自动手检查，这才发现原来抓在孩子手中的那个蛤蜊是坏的——难怪敲起来声音全都不对劲儿！

于是，蛤蜊的记忆伴随了这个人一生。尤其是在他觉得周围的人有让他不能忍受的缺点时，这个当年最喜欢挑蛤蜊的孩子就会扪心自问："会不会我就是那个坏掉的蛤蜊?"因为按照常理，一个人不会只遇到坏人，周围的人总会有些友善、有些不友善，这样的几率最大。那么，自己同样可以是那个不友善的人，总是用自己的标准去检查、衡量周围的人，看起来自己对大家都不满意，而实质上最让人不满意的人就是自己呀！

时刻都不要忘记，自己很可能没有想象中的那样好，而别人也没有你想象中的那么差。我们有两个抉择方向：一是让自己"装"得更好，免得别人看起来更差；另一选择就是一开始就学着认识自己的不足，学着去欣赏别人。

事情真正的结局是，威尔太太的儿子开始反省自己的不足了，"也许老师是对的，她是为我好"。能够首先认识到这一点就说明他至少还不是一个不可理喻的孩子。那么，剩下的时间就留给他了。

为此，对家长提出以下几点建议：

第一，及时检讨自己的缺点。家长是孩子最好的老师，你的行为是否做到率先垂范了呢？对于自己的缺点，你是否敢在孩子面前说"呀，是我的错"呢？

第二，给他反省的时间。在某些时候不要在乎孩子过激的情绪，你要用包括自己的肢体语言（比如眼神）在内的一切告诉孩子："你现在需要反省！"在这个阶段，你可以采取"冷冻"的方式。尽量不和他谈话，给他充分反省的时间。

第三，给他推荐一些人生哲理小品如刘墉的《萤窗小语》和卡耐基的"成功之路"丛书都是不错的选择。因为在那里我们可以感受到理性的光芒、睿智的头脑和敏锐的眼光。

专/家/提/示：

时刻都不要忘记，自己很可能没有想象中的那样好，而别人也没有你想象中的那么差。

挑别人“刺”是孩子好胜心强的表现

作为家长，不会希望自己的孩子成为爱挑刺的不受欢迎者。就像我们不愿意身边的同事或者上司是个爱挑刺的人一样。这样的人在他的社交圈子中得到的社会评价非常之低。

从前，有个脾气很坏的小男孩。有一天，他的父亲给了他一大包钉子，要求他每发一次脾气都必须用铁锤在他家后院的栅栏上钉上一颗钉子。第一天，小孩一共在栅栏上钉了 37 颗钉子。过了几个星期，由于学会了控制自己的情绪，栅栏上钉子的数目增加得慢了。他发现控制自己的坏脾气比起往栅栏上钉钉子要容易得多……最后小男孩变得不爱发脾气了。他把自己的转变告诉了父亲。他的父亲就又建议说：“如果你能坚持一整天不发脾气，就从栅栏上拔下一颗钉子。”经过一段时间，小男孩终于把栅栏上所有的钉子都拔掉了。父亲拉着儿子的手来到栅栏边，对孩子说：“儿子，你做得很好。但是，你看一看那些钉子在栅栏上留下的那么多小孔，栅栏再也不会是原来的样子了。当你向别人发过脾气之后，你的言语就会像这些钉孔一样，会在人们的心灵中留下疤痕。这就好比用刀子刺向了某人的身体，然后再拔出来。不管你说多少次对不起，那伤口都会永远存在。”

这是一位成功的父亲，他用很独特的方式告诉孩子自己的不当行为造成的危害程度有多大。实际上，面对一个不容易自我控制情绪、容易心理失衡、喜欢挑刺的孩子，我们要做的事情首先应该是理解，不是要

你对此不闻不问，而是去了解形成这种习惯的原因是什么。

挑刺的孩子虽然在给别人挑刺，但实际上我们可以很明白地看到，他们的内心其实就是有刺的。

因而，拔除挑刺者心中的刺，比起对他们的指责来要有意义得多。一是听到你的孩子又在挑别人的刺，你可以顺着他的意思往下说，然后在问题的终端否定。二是在某些情况下可以让他自己来。比如孩子抱怨衣服洗得不够干净，那么就不要再为他服务，让他自己去动手体会“做并没有说得那么简单”。三是在一段时期内，如一星期内，天天给孩子挑刺。比如：“看看你的作文，虽然得了90分，可是我觉得还是写得太差了！尤其这一段，太糟糕了。”接下来的一个星期每天给他鼓励，让孩子在两种态度的对比反差中认识到挑刺的坏处。

此外，你可以把孩子常常挂在嘴边的挑刺话用醒目的颜色写在小纸条上，贴在他的卧室和洗手间里，督促他改正自己的坏毛病。

专/家/提/示:

挑刺的孩子虽然在给别人挑刺，但实际上我们可以很明白地看到，他们的内心其实就是有刺的。

培养孩子的学习能力

有个大学生叫王林，是武汉水运学院动力系的学生。他刚进大学时并不引人注意，同学们对他的印象是爱玩，爱开玩笑，爱睡觉。晚上，别人都在埋头做题，他却一个人回宿舍钻进蚊帐睡觉。让人奇怪的是，一连几次考试，他的成绩都名列前茅。

同学们觉得这是个谜。有人给《中国青年报》写信，希望能揭开这个谜。后来，报社把信转给了王林。王林说，我钻进蚊帐不是在睡觉，而是在思考。

原来他养成了这样一种习惯，在睡觉之前，总是总结一下自己当天的学习。今天功课主要讲什么？有哪些已经弄懂了，哪些还未完全懂，明天需要继续弄懂。

他还把所学的知识归纳总结，找出相互之间的联系，并连成一条主线把它串起来。最后再把以前学到的知识整合起来，找出内在联系。通过这样一番思考，去粗取精，由表及里地清化，贮进脑子。从这个例子可以看出，这种学习习惯的养成对学习的确是十分有效的。

珊珊已经是三年级的学生了，个子长得较高，俨然一个小大人。但是，她做作业却从来是有始无终。

珊珊完成作业的最后情景经常是这样的：匆匆忙忙地、飞快地将作业写完，不管对错，将铅笔往桌上一扔，像脱离魔爪一样，迅速地离开书桌，跑向电视机前或奔向门外。

书桌上，满摊着作业本、练习册、课本以及铅笔、橡皮。通常是珊珊的妈妈先将书桌整理清楚，将课本、铅笔盒等一一放好，然后再认真地将她的作业从头到尾检查一遍，用铅笔将错误的地方勾出来，再将孩子叫回来改正。

对于妈妈指出的错误，珊珊想都不想，也不问为什么错了，拿过来就改。时常，改过的作业还是错的。当她再次被叫回来改错时，他就会不耐烦，大声嚷着问："你说应该怎么做？"

在这个例子中，我们不能说珊珊是独立完成作业的。"写完"作业并不意味着作业的完成。实际上，作业的检查是作业完成中的一项重要工作，而这项工作却由家长来承担了。孩子的任务似乎只是写作业，并不需要对作业的质量负责。

整理书包是谁的工作呢？在这里也成了父母的。那么，孩子在学校时，这些工作由谁来做呢？当然只能由孩子自己来做。为什么在家里就要由家长来承担呢？造成这种局面的责任在谁呢？

孩子的责任感和负责任的能力是通过锻炼形成的。锻炼则意味着由孩子自己去承担活动，并明晰活动的目的、步骤以及要求等。

这种锻炼机会最初应当由家长来提供，并提出恰当的要求，加以正确的引导。但是，很多父母剥夺了孩子成为一名“完全学生”的某些义务和权利。大多数父母是用以下方式渐渐使孩子放弃自己的权利和义务的：一是指责孩子检查作业不认真，整理书包不整齐，于是，替孩子完成这类工作；二是出于关心，想让孩子有更多的活动时间，主动代替孩子做这些工作。第一种做法，使孩子对自己丧失信心。家长不是能干吗？干脆由你们去做。渐渐地，孩子将这些工作不再纳入自己的活动范围。第二种做法，没有把孩子当做学习的主人，没有使他意识到这些工作是他分内的事儿。

无论哪种做法，最终结果是一致的，即造成孩子责任意识、责任能力的缺失，丧失了自主活动的信心和能力。

家长为什么会如此做呢？究其根源，大致有以下几个方面：其一，只关注孩子的学习成绩，并且只对可测算的、能够标志孩子学习成绩的那些方面进行要求。其二，想为孩子提供一切“有利”条件，保证孩子能够有更多的时间用于“学习”上。其三，不知道孩子的学习是各方面相互促进、共同提高的。其四，没有意识到知识学习只是孩子成长中很小的一部分，重要的是要通过学习知识，培养从事其他活动的能力。

父母针对孩子的毛病，可以按以下方法去做：提议孩子与家长一起检查作业；就某些作业问题让孩子说明是否正确，以及他自己的理由；逐渐表现出对孩子的教学内容不太熟悉的样子；对孩子作业中的错误，不要表达自己的修正意见，建议孩子自己重新思考；放手让孩子自己去检查作业。至于整理书包，家长大可不必担心他会丢三落四。即使他可能忘了装一本书，或忘了带橡皮，也不太会影响他的学习。而且，即使暂时影响了学习，通过如此的教训，从此他会细心，认真检查自己的每一样东西，对自己的事认真负责起来。

专/家/提/示:

孩子的责任感和负责任的能力是通过锻炼形成的。锻炼则意味着由孩子自己去承担活动，并明晰活动的目的、步骤以及要求等。

纠正孩子爱抱怨的坏习惯

小强是一个三年级的小学生，长着一对大眼睛，看上去非常聪明。可是前些日子却被学校勒令退学了。他的学生档案上记录了学校将其开除的原因：旷课、偷窃、扰乱课堂秩序。他还只是一个小学生，这个污点将会永远刻录在他今后的人生行程当中，甚至于会影响他的一生。那么，小强是怎样变成这么一个让人头疼的孩子呢？其实要寻找原因并不难。由于小强的父母是小商贩，没有什么文化，整天忙于经营，也就自然地忽略了对孩子的管教。平时，他们评判孩子学习的唯一标准就是卷子上的分数。小强刚入学的时候，是非常用功的，加之他很聪明，所以学习也还算不错。后来有一阵子，他迷上了电子游戏，学习成绩当然也就受到了影响。小强的爸爸自然非常生气，但他不帮孩子寻找成绩下降的原因，却破口大骂道："我和你妈累死累活给你挣钱，你却就考这么一点点分数回来！"久而久之，小强当初的学习劲头就被他爸爸骂没了，"反正我不会是个好孩子了，那我还努力干什么？"于是小强就破罐子破摔，先是旷课，到电子游戏室打游戏，后来没钱了就去偷。偷了几次被人抓住，送到学校保卫处，学校先是批评教育，但是他屡教不改，学校无奈，只好将他开除了。

小强的故事，可能有点荒唐。但是，生活中这样类似的例子并不少见。往往是由于一些可笑荒谬的说法，让孩子对自己逐渐失去了自信，开始怨天尤人，最终偏离了人生正确的航向。

听过这样一个故事吗？建筑工人在砌砖墙，他们都在忙碌地工作着，可各自的心情却大不相同。一个工人怨天尤人，觉得工作又累又枯燥；一个工人埋头苦干，认命而忍耐；第三个工人却快乐地吹着口哨，他想象着这堵墙砌好后，也许会有一位老人在墙边的草地上种他喜欢的花；也许会有一个小男孩在墙上创作太空画……

谁都喜欢做第三个工人，谁都愿“做”第三个工人。平平凡凡的日子，带着爱心做每件事，你会发现，就算再烦心、再辛苦的事，只要调整好心态，都能体会到快乐。第十六届法国世界杯足球赛，据说给足球界的启示是“进攻，进攻，进攻”；部队有一首军歌，是振奋人的一句歌词是“向前，向前，向前”；人生最需要的则是“进取，进取，进取”。

美国人米勒家中有7个兄弟姐妹，他从5岁开始工作，9岁时会赶骡子。他有一位了不起的母亲，她常常和儿子谈到自己的遗憾：“我们不应该这么穷，不要说贫穷是上帝的旨意，我们很穷，但不能怨天尤人，那是因为你爸爸从未有过改变贫穷的欲望，使家中每一个人都胸无大志。”这些话深植米勒的心中，他一心想跻身于富人之列，并开始努力追求财富。后来，米勒接手一家被拍卖的公司，并且还陆续收购了7家公司。他谈及成功的秘诀，还是用多年前母亲的话回答：“我们很穷，但不能怨天尤人，那是因为你爸爸从未有过改变贫穷的欲望，家中每一个人都胸无大志。”米勒接着强调说：“虽然我不能成为富人的后代，但我可以成为富人的祖先。”

米勒的故事告诉我们：你的欲望有多么强烈，就能爆发出多大的力量；当你有足够强烈的欲望去改变自己命运的时候，所有的困难、挫折、阻挠都会为你让路；欲望有多大，就能克服多大的困难，就能战胜多大的阻挠。因此，在学习中，要有敢于争先的欲望，而不要沉湎于怨天尤人的情绪中，只看到别人的成功。

人生如同一叶扁舟，行驶于浩瀚的大海，颠簸于潮头浪尖。胆怯者望而却步，沉沦者听天由命，唯有勇敢者会奋力拼搏，最终到达胜利的彼岸，实现其生命的价值。贝多芬从小家境贫寒，再加上他父亲的凶暴，他的童年可以说是一场灾难。17 岁时，他患上了伤寒和天花，几乎致死。之后肺病、结膜炎等又接踵而至地折磨他。28 岁，他又不幸患了耳疾，这对于一位作曲家而言无疑是失去了一切。然而，贝多芬并未向命运低头，而是发誓“要扼住生命的咽喉”，他不顾自己的疼痛，凭着自己对音乐的天赋和造诣，更凭着顽强的意志，完成了一部部伟大的作品。在与命运的搏斗中，他的生命之火燃烧得越来越旺盛。“拼搏精神会使人的生命价值更高尚”的道理就在于此。人生没有一路平坦的，总是会充满了荆棘和坎坷，但您的孩子可以凭借所拥有的条件和毅力去战胜它。

每一个人都有自己的优势，生活也是多姿多彩的。学习不是生活的全部，不应当只从分数上来评价一个孩子。抓住生活中每一个机会鼓励那些对自己不太自信的孩子，树立他们的自信心，会对学习产生积极的影响。对于学习能力差的孩子，应鼓励他们“笨鸟先飞”。通过比别人付出更多的努力，一定会收到令人满意的效果。当孩子面对失败，要告诉孩子失败是人生中不可避免的事情，要多多鼓励孩子树立不怕挫折、跌倒之后再重新爬起的信心。当孩子失败的时候，不要抱怨，而是应该静下心来分析具体的原因。通过分析原因，找出以后应该注意的地方，吸取教训，日后面对同类问题时就可以从容对待。

专/家/提/示:

人生如同一叶扁舟，行驶于浩瀚的大海，颠簸于潮头浪尖。胆怯者望而却步，沉沦者听天由命，唯有勇敢者会奋力拼搏，最终到达胜利的彼岸，实现其生命的价值。

考试猜题押题的孩子自认为聪明

有的孩子认为学习的目的完全是为了应付考试。从复习的那一天起，他们就把主要精力集中到找出考试的脉络和方向上去了。上复习课时，他们总是很注意老师强调的重点，预测出老师出题的倾向，甚至会到老师那里去打探消息、摸底，希望从中找出一些题目的线索来，以便可以猜题、押题。

这种学习方式存在很大的弊端。喜欢猜题、押题的同学往往容易造成情绪上的紧张和焦虑，就像赌博一样，若猜中了就高兴得忘乎所以，甚至考后还会津津乐道；若猜不中就会手足无措，心绪烦躁，甚至会连原来会的一些内容也想不起来。这样考出来的成绩，即使是好成绩也不代表其实际水平。所以，与其把时间和精力浪费在无谓的焦虑和紧张上，把希望寄托于侥幸上，不如静下心来抓紧时间复习为好。总之，不去做系统复习，只一味针对所猜的题来“开小灶”，很容易造成“捡了芝麻，丢了西瓜”的错误。

笔者就这一现象，曾经采访过一些在考试中获得好成绩的学子，他们对这种现象提出了一些自己的看法。

北京师范大学教育学院的小华同学认为，考试其实是围绕着知识体系来出题的。作为检测和选拔的工具，考试必须体现知识和能力的水平，因此与其被考试牵着鼻子走，天天猜题、押题，还不如把心思花在系统的学习上。押题、猜题的风险很大，耗费时间，得到的知识缺乏系统性和深度，很难存入记忆系统，也不容易提取和扩展，更谈不上在将来能派上用场。

毕业于北京师范大学附属实验中学、现就读于华东师范大学数学系的小杰也认为，押题、猜题的做法不可取。他说高考出题确实有一定的规律，但是，谁又能担保某年就一定会考某道题？真正对应考有帮助的做法，应是从中摸索具有普遍规律的答题思路和技巧，即形成一种思维，如数学思维、历史思维、政治思维等，以不变应万变。

小华和小杰同学说得十分中肯。的确，由于有考试这个中介物，猜题与知识水平就存在一定的关系，没有一定的知识储备来猜题，那纯粹是在赌运气。所以在没有打好知识基础前，猜题的回报率是很低的。把猜题的时间和心思拿来看书，先把书上的东西吃透，真正学到知识，才能做到“胸有成竹”。

教育部曾经为了实施高招考试制度改革方案，向社会征集高考综合能力测试试题，同时征集高考语文、数学、外语等单科能力试题。这样的集百家之长的思路，让那些“猜题冠军”、“猜题能手”们很是挠头。

2002 年国家司法考试试题的命题也采取了改革措施，第四张试卷改为案例分析和法律文书制作题，这样可以发挥客观题和主观题的各自特长。作为客观题题型，选择题的主要优点是评分客观、准确、迅速，试题容量大，覆盖面广，分值小，可降低考查中偶然性的影响，防止猜题、押题的投机行为，从而提高考试的信度和效度。

由以上的事实证明，国家现在已经十分重视考试制度的改革，试题体现出新的特点——新情景、新材料、新问题。专家认为，不管多么复杂的问题，只要不是第一次遇到，或已经过强化训练，那就只能测出“操练”能力，即记忆和熟练能力；相反，即使是较为简单的问题，只要是第一次遇到，也能考查出理解和应用能力。从根本上讲，这些都真正避免了死记硬背、猜题押题、临时突击的现象。

“应试教育”面向少数，素质教育要面向全体，由死记硬背、题海战术、猜题押题，使学生处于极端的被动地位，转向让学生生动、活泼地主动发展。

有两位老师，一位是年老的，他教了几十年书；另一位是刚从师范院校毕业的。年老的那位从不在课堂上阐述读书是为了什么，偶尔他会说一下：“学习要先学会如何运用思维！”可见，他对学习的目的还是明确的——锻炼思维！而年轻的那位总是传授着如何应付考试之类的问题。可见有些现代的教师歪曲了教学的真正意义！

记得金庸先生在一次采访中说过："50 年后，中国一定会成为全世界第一的国家!"他的出发点自然是好的，但如果中国的学生只会猜题押题对付考试，50 年的时间确实太过乐观了。

(1) 从不同的角度思考问题

善于多角度思考问题是孩子思想中的火花，应该好好鼓励。将孩子引向真正的学习之中，而不仅仅为考试而学习。

(2) 不给孩子施加压力

在考试时，孩子已经很紧张了，家长如果再施加压力，他就会觉得考试没有一点意思，只是一种负担，就会逐渐对考试失去信心，采取游戏的态度应对考试——赌一把的心理，就会导致猜题、押题现象的出现。

此外，有许多猜题、押题的现象常出现在作文的写作中。教师怕教作文，学生厌倦写作文，原因就是大搞"应试"作文，大量猜题，机械式教授方法，人为拔高要求，扼杀了大多数学生的创作热情，致使学生不愿写作文，畏惧写作文。家长应该根据孩子的实际情况，让他们学习写作，写出真情实感，让写作文成为一种乐趣。

专/家/提/示:

现在"猜题"的说法很流行，这其实是对教学真正意义的一种挑战!

关注孩子，及时纠正错误

每个人都有犯错误的时候。小时候的列宁因打碎花瓶说过谎，幼年的卡耐基还偷拿过家里的钱，但是这并不妨碍他们人格的伟大。因为他们能及时改正错误，重视小错的危害，知道如果不及时改正小错就有可能发展成大错。因此，要防微杜渐，首先要解决的是思想认识的问题。只有思想上有了正确的认识，才能及时改正错误。

不仅仅在生活方面是这样，学习上更是如此。有很多同学在平时就爱犯一些小毛病，比如每写完一个单词就点一个小点，家庭作业中常常出现一些很常见的错误，可就是不愿意及时改正。到了考试的时候，往往习惯性地按平时的标准做题，于是就会漏洞百出。

小错易改，大错难纠，而且极可能造成严重后果。“千里之堤，毁于蚁穴”，假如刚开始有漏洞时就及时堵住，假如苹果在刚刚溃烂时就及时处理，假如小梅在初犯小错时就及时改正，这一切还会发生吗？

进电脑房必须换鞋，保持机房整洁，这似乎是大家都明白的道理。三年级的电脑课结束了，同学们依次出来换鞋，有一个男孩走出教室换鞋时问老师：“老师，我们都换拖鞋，为什么你不换？难道你的鞋不脏吗？”听完他的话，老师低头瞧瞧自己脚上的鞋，哑口无言。

第二次上课时，老师在鞋上套了个袋子，并把这件事当着全班同学的面讲了一遍，并承认他这样做是不对的，十分感谢这个男孩帮他指出错误，希望以后同学之间、师生之间能互相监督，共同进步。从此，教室里多了一位脚上套塑料袋的老师，而他也受到了学生的尊重和信任。如果老师当时一味地强辩理由，不认错，一定会有另一种结果。

这件事情使我们明白：人总有犯错误的时候，但是只要及时改正，同样可以得到尊重、谅解和信任。

（1）让孩子感觉到温暖

北风和南风要看看谁能把行人身上的大衣脱掉，来比一比谁的威力更大一些。北风首先就来了一个凛冽寒风刺骨，它使出了很大的劲对着行人猛吹，结果行人为了抵御北风的侵袭，便把大衣裹得紧紧的。南风来了，它徐徐吹动，顿时天地间风和日丽，行人因为觉得暖意上身，始而解开纽扣，继而脱掉大衣，南风获得了胜利。

温暖胜于严寒。家长在管教孩子时，要使孩子感觉到温暖，使孩子内心深处真正认识到自己的错误，从而激发其改正错误的决心。

（2）给孩子讲道理

给孩子讲道理，让他认识到：小错误不及时改正，就会酿成大错误。例如可以讲木桶的故事：一只沿口木板不齐的木桶上，最短的那块木板决定了它盛水的多少，如果木桶上有一个木板很短，那么，其他的木板再长也不能盛多少水。要想多盛水，就要下工夫依次补齐木桶上最短的那块木板。

由此，可以告诉孩子，一点小错误会毁掉整个成绩，因此应该及时补救，才能避免可能发生的可怕后果。

（3）鼓励孩子

由于一些孩子已经养成了一些坏习惯，如拖交作业、闹事等，虽然有时想改，但又没有毅力，容易反复。他们最需要家长在他们改正错误的过程中给予指导、批评、鼓励。可以给他准备一张自我竞赛的表格，表格上分品行、纪律、作业、考试成绩等项目，每天放学回家后，由家长监督填写“优、良、一般、差”等，每星期小结一次，并与上星期的情况进行比较。如果进步了，就对孩子有所奖励。

（4）安慰孩子

家长不应该过多地责备孩子的错误，更不要说些伤害孩子自尊心的话，如：“你真笨！”“你真是没用！”而应该在“如何做”上给予孩子具体指导，不断丰富他的生活经验，激发他积极主动进取的愿望，在一次次战胜错误的过程中学到更多的本领，学会辨别对与错。

（5）做孩子的知心朋友

做父母的要尊重孩子的独立性，给他一定的自主权利，与孩子谈话应平等商讨，如果孩子脾气倔强，也要耐心教育，不要用命令、训斥的口气，采用粗暴和强制的方法更是错误的，切忌霸道作风。要了解孩子的内心世界，采取热情关怀的态度，亲切温和的语气，尊重理解的氛围，这样，父母和孩子的感情才能得到交流，孩子也容易接受教育和指引。

专/家/提/示:

人总有犯错误的时候，但是只要及时改正，同样可以得到尊重、谅解和信任。

喜欢冒险的孩子精力旺盛

5 岁的小亮是家里的“冒险家”。从 3 岁半开始，他就几乎攀登过家中的每一件家具了，有一次还重重地从上面摔了下来。他的脸是一张冒险经历的示意图：右眼下的疤是从购货车往下跳的时候摔的。后脑的小包是从幼儿园的滑梯上跌下时鼓起的，左耳下的疤是在储藏室被照相架锋利的边割的。

有很多次。小亮都因为从高处跌下来摔伤，痛得哇哇大哭一通。可一会儿，他就忘了自己摔伤的经历了，依然不停地爬上爬下，寻找刺激。妈妈也因此打过他几次，可是小亮是“好了伤疤忘了疼”，很快就把妈妈的惩罚忘到了一边。

有一天，小亮又企图去够书柜上面的一盆吊兰。他找来两个小凳子，然后把它们摞在一起，继续他的冒险行为。果然，小凳子倒了，小亮一下子从上面跌了下来，屁股重重地摔到地板上。妈妈对他说：“看看，摔疼了吧！不许哭，这是自己摔下来的!”小亮咧了半天嘴，没哭出来。

这时妈妈趁机对小亮说：“这可是你自己摔下来的，如果哭，今天就不能看动画片了”、“摔疼了也别来找我”。此后，只要他因为冒险被摔着哼哼唧唧去找妈妈的时候，妈妈就会告诉他：今天不准看动画片；或者看他没有摔伤，就理也不理他，任他哼唧。时间久了，小亮可能觉得这样很不划算吧，冒险行为明显减少了。

在日常生活中，孩子常常有很多冒险行为。这样冒险的直接后果，自然就是搞得自己满身是伤。

孩子出现冒险行为，一个原因就是他们的精力比较旺盛，并有强烈的表现欲，希望能在众人面前表现自己的能力，或者引起别人的注意。另一个原因则是他们的长期记忆还没有发育完全，所以即使他们摔疼了，也常常忘记以前的教训。

应该经常警告孩子哪些是危险的行为，后果是什么，但切不要对孩子的所有行为都持否定态度，否则会扼杀孩子的好奇心。相反，试着把孩子带到体操馆或舞蹈班，培养孩子的兴趣或许他们会喜欢上哪项运动项目。

孩子对于自己的能力了解还不够全面，所以他也就不能估计自己冒险行为的后果。当他对某件事物好奇时，就会想方设法去做，并且不会考虑这样的后果是什么。所以，你要从孩子很小就帮助提高自我认知能力，可以直接告诉孩子，什么是可以做的，什么是不可以做的，以此来克服他们喜欢冒险的行为。

为了帮助孩子分清刺激与冒险的差别，父母应耐心地把冒险的后果向孩子解释清楚。比如，如果孩子一直在床上跳个没完，你可以告诉他：“如果你掉下来，会摔得很疼，甚至摔伤致残。”

如果孩子天不怕地不怕，常常做出冒险行为，家长还需要为此而定下特别严格的规矩，规定哪些地方是可以去的，哪些地方是不可以去的。一旦孩子不经允许，违反规定，马上给予他适度的惩罚，比如罚他在一段时间内不准玩某个他特别喜欢的玩具或不准看动画片。

一些充满冒险行为的卡通动画片，都不太适合 7 岁以下的孩子观看，尤其是充满暴力的动画片。这个年龄的孩子还不能辨别哪些是虚幻的，哪些是真实的，所以他们常常会对里面人物的一些危险行为加以模仿，自己也要当一次“英雄”，结果可想而知。

父母要注意的是：即使你知道孩子这样冒险是危险的，也不要强行限制他。这不仅会扼杀他的好奇心和正常的冒险精神，还可能引起孩子的逆反心理。

专/家/提/示：

孩子的冒险行为，主要是因为他们精力比较旺盛，并有强烈的表现欲，希望能在众人面前表现自己的能力，或者引起别人的注意。

总是在公共场所乱跑的孩子

珊珊是个淘气的孩子，每次带她外出，爸爸妈妈都格外紧张，眼睛要不停地跟着她转。因为6岁的珊珊总是喜欢在车厢、商场、酒楼、大街等公共场所跑来跑去，所以爸爸妈妈既担心珊珊跑丢，又得随时警惕珊珊骚扰到别人。

有一次，爸爸带珊珊去饭店吃饭。结果珊珊到处“疯疯癫癫”，最后居然还“大大方方”地坐到了其他人的饭桌上，搞得爸爸只好尴尬地向对方道歉。还有一次，妈妈带她去逛商场，乘坐手扶电梯上楼时，珊珊一直踢来踢去。结果一不留神，脚被卡在梯级之间的小间隙里，好在她反应快，迅速将脚从鞋中抽了出来，但是妈妈现在想起还是心有余悸。

妈妈知道强行禁止是不行的，所以只好想别的办法和珊珊谈话：“珊珊，妈妈知道你对什么都很有新鲜感，喜欢到处跑，但是你这样妈妈真的很担心。万一妈妈找不到你，你就回不了家了。这样，以后你想去什么地方，先告诉妈妈一声，好吗？”

妈妈还试着跟珊珊示范，比如你想去玩具柜台看看，就可以跟妈妈说：“妈妈，我去那边玩一下”。珊珊在妈妈的训练下逐渐能够做到有事提前告诉妈妈了，妈妈也适时地对她进行表扬，偶尔还会给她买些小玩具以示奖励。

慢慢地珊珊学会了提前向妈妈请示："妈妈，我去那边玩一下，你等会儿过来找我。""妈妈，我跟哥哥出去一下，马上就回来。"如果偶尔珊珊不能履行承诺，妈妈就会给她一点小小的惩罚，比如让她做家务，整理自己的房间等。珊珊虽然现在还是那么"活力十足"，但妈妈却省心多了。

大人们永远都无法理解：为什么小孩子都这么精力充沛？每当外出，就像放出笼子里的鸟似的，一刻都静不下来。去超市时，拉着爸爸、妈妈的手到处看个不停。一旦父母跟不上他的节奏，他就自个儿跑得没了人影。带孩子参加聚会，不管大人怎么努力，就是没有办法让孩子安静下来吃饭……

父母常常为此烦恼不已，但无论怎样，都不能因此把孩子留在家里，也不能强制性的禁止他。其实，孩子的这种行为缘于他们爱动、好奇心的天性。这一点你要理解才行。

但是孩子在公共场所乱跑乱闹，一方面会遇到各种各样的危险，另一方面也有可能影响到他人。爸爸妈妈们要对他们进行适当的引导，告诉孩子如何去遵守公共礼仪，在外边要注意哪些安全问题等，以免孩子遭遇危险或给其他人带来麻烦。

对此，在教育孩子时，家长不要训斥孩子，你可以试着这样的方式跟孩子沟通："爸爸知道你很闷"、"妈妈知道你对这些东西很好奇"、"我知道你第一次来这里，所以感觉很新鲜"、"我知道你喜欢热闹"，等等。让孩子知道父母非常体谅他，然后再跟孩子讲道理和提要求，这样就容易多了。

向孩子描述这么做可能出现的后果，比如会跑丢，爸爸妈妈找不到他会很着急；或可能遇到坏人，被坏人欺骗；还可能会被撞伤，摔伤；有时候可能还会骚扰到其他人等。这样孩子就会在玩的过程中注意到这些问题的严重性。

父母要果断地告诉孩子：我绝对不允许你乱跑，如果你再乱跑，就把你送回家去；如果你实在想去什么地方，可以跟我讲，我带你一起去；至少要先告诉我一声，让我可以随时注意到你。这样既满足了孩子爱玩的天性，又可以尽可能地保障孩子的安全。

试着拉着孩子的手，与孩子谈谈周边的景象，分散孩子的注意力，跟孩子讨论一下他看到的新鲜东西，或者给孩子讲讲故事，帮他解解闷。一旦孩子被吸引住，就不会到处乱跑了。

父母对孩子要宽容，不要一声怒喝："你给我站住！"孩子正玩得兴高采烈，突然被爸爸妈妈喝止住，肯定会非常不高兴。相信你也不想看到自己的孩子不快乐吧！

专/家/提/示：

孩子的这种行为缘于他们爱动、好奇心的天性。这一点你要理解才行。

孩子不肯吃饭是为了让你注意他

到了吃饭的时间了，东东的妈妈特地作了儿子爱吃的几样菜，因为东东中午要在幼儿园里吃，妈妈怕营养不够，所以晚上要让儿子吃点好的，补充一下营养。

可是东东却并不领情，对桌上的饭菜一点都不感兴趣。妈妈见状，就对东东说："儿子，你得多吃点，这样才会长高呀！来，吃点鱼肉，再吃点青菜。"

"哎呀，我不喜欢吃青菜，一点味道都没有，难吃死了！"东东边说着边把妈妈给他夹的青菜扔到了桌子上。

"你这孩子，不吃青菜怎么行呢？青菜是补充维生素的！"妈妈有点生气了。

“我不吃了!”东东说完，扔下筷子就走了。

妈妈见东东经常这样不吃饭，觉得自己必须改变策略。于是第二天，东东放学回来后，妈妈对他说：“今天你和妈妈一起做饭怎么样?你爱吃什么就和妈妈一起做什么。”东东一听，立马来了精神。愉快地跟着妈妈进厨房准备饭菜。妈妈交给东东一些力所能及的工作，比如帮妈妈择菜，或递一个盘子等。在这期间。妈妈还时常对东东说：“今天晚上一定要尝尝你自己做的饭菜哦!”东东高兴地答应了。

吃饭的时候，妈妈对东东说：“这个是你帮妈妈做的西红柿炒鸡蛋，这个是你帮妈妈做的萝卜丝，快尝尝味道好不好?”东东听了妈妈的话。大口地吃着，并不断地说好吃。

以后妈妈便经常这样和东东一起做饭，并听取东东的意见，渐渐地东东便改掉了不肯认真吃饭的坏习惯。

孩子不肯认真吃饭是件让父母头痛的事。不吃饭，孩子的营养就供应不上，肯定会造成孩子营养不良，影响身体的正常发育。要知道，孩子在发育时期，饮食习惯和身体健康有着直接的关系，饮食不正常，就可能造成某些疾病，所以应帮助孩子养成正常饮食的习惯。

有时候孩子不肯吃饭，很可能是用来挑战父母权威的武器。当他看到父母因为自己的做法而伤脑筋时，他会由此得到一种满足感。

父母可以向孩子说明。不认真吃饭会给健康带来不良的影响，身体不能长高、长壮。一定要采取鼓励的方式帮孩子慢慢改正，使其养成良好的生活习惯。

平时可以在吃饭的时候给孩子讲一些健康知识，比如吃青菜可以补充维生素等，也可以让孩子自己来提供用餐意见，让孩子和父母一起准备餐点，这样可以激起孩子的进餐兴趣。

做饭的时候，尽量把饭菜做的颜色鲜艳一些，并且把每个菜都起一个开胃的名字，或者边吃边给孩子讲点菜名的故事，也可以在孩子吃饭时给他编几句与吃饭有关的儿歌。如“多吃蔬菜长得快，不偏食的孩子讨人爱”等，都会让孩子感受到吃饭的乐趣。

平时不要在家里堆放太多的零食，孩子一饿就给他吃零食或水果，这样到了吃饭时间，孩子就可能吃饱了，怎么可能还好好在餐桌吃饭呢？

吃饭时间应该是全家分享心情的最佳时间，所以不要边吃饭边看电视，或者在饭桌上训斥孩子。可以和孩子边吃饭边聊聊学校里有趣的事，让孩子能够放松心情，细嚼慢咽。

对于家长来讲，孩子不愿意吃某种食物，可能是他真的不饿，或者对这种食物没兴趣，这时候不要因为这种食物有营养就强迫孩子一定要吃下去，这会给孩子带来负面情绪。

虽然说“谁知盘中餐，粒粒皆辛苦”，但你不能因此就要求孩子一定要把碗里的饭吃光，有时候孩子不肯吃饭也可能是为了引起父母的注意，如果你对孩子的行为反应过于激烈，孩子一旦觉得你不注意他，就会用不吃饭来表示反抗。

专/家/提/示：

要知道，孩子在发育时期，饮食习惯和身体健康有着直接的关系，饮食不正常，就可能造成某些疾病，所以应帮助孩子养成正常饮食的习惯。

乱扔东西的孩子是向你挑战

3 岁的小蕊一发脾气就要扔东西，开始时她并不是故意的，但后来，当她看见爸爸妈妈着急的样子，她觉得很好玩，于是就开始变成故意的，爸爸妈妈一有点不顺着她的地方，她就故意把玩具、衣服、图画等扔到地下，害得爸爸妈妈捡都捡不过来。

有一次，小蕊在堆积木的时候，突然不高兴了，然后随手就把手里拿的积木扔到了地上。这还不算，她又站起来把其他的积木也全都扔到地上。每次遇到这种情况，妈妈都会帮她捡起来，但这次妈妈没有捡。

过了一会儿，小蕊坐在一旁玩别的玩具，妈妈把地上的积木捡起来，然后把它们藏到了抽屉里。

晚上的时候，小蕊想玩积木了，可是却没见妈妈捡给她，而且地板上也不见了积木。她非常奇怪，就跑去问妈妈。这时候妈妈告诉她："妈妈很不喜欢你乱扔东西，因为你会把东西摔坏。

如果你以后还乱扔东西，这些东西就会被妈妈没收，包括你的玩具、衣服，而且妈妈再也不会买给你。这次就把积木还给你，下次如果再扔，就回不来了啊！"

小蕊见积木回来了，也就不以为然。结果第二天又把自己的卡通图片都扔了，妈妈这次就给她藏了起来。后来小蕊想玩的时候向妈妈要。妈妈说："我已经告诉你了，再扔东西就不会回来了，今天你又扔了，那东西肯定就不会回来了。"无论小蕊怎么闹，妈妈也不给她。

经过几次反复后，小蕊扔东西的次数逐渐减少了，现在她再也不乱扔东西，而且还知道自己整理东西了。

"这是最后一次了哦，再扔掉妈妈就不帮你捡了！"当妈妈捡起孩子扔掉的玩具后，对孩子进行循循善诱。可是孩子却笑笑不说话，一拿到玩具马上又把它扔掉。眼睁睁地看着玩具再次从眼前飞过，妈妈真的泄气了。

很多孩子喜欢扔东西往往是在搞恶作剧，想借此引起大人对他的注意。当孩子看到扔出去的东西马上被大人捡回来时，他会非常开心，甚至把这当成一种双向游戏。当然，他是不能理解你并不愿意一而再、再而三地去捡东西的。

一些孩子扔东西还是为了证明他的能力，比如抓握能力，投掷能力。当孩子刚刚能够用手抓住身边的东西时，他会觉得惊喜：如果自己奋力一扔，手里的东西飞离很远，孩子就会有一种成就感。孩子很容易被自己的这种行为所吸引，所以就会想"熟练"下去，这种自主操纵的感觉也促使孩子不断地进行试验，一次又一次感受成就感。

但是，经常扔东西毕竟不是好的习惯，有些东西可能被孩子一扔就摔坏了。更重要的是，这很容易助长孩子的不良行为，以后稍有不满意的地方就扔东西，且更难纠正。

作为家长，当孩子扔掉东西以后，你不要在第一时间内就帮他捡起来，这样他会觉得无论如何，扔出去的东西都会回来的，甚至还会把这当成你们之间的游戏，玩得不亦乐乎。如果孩子自己能去捡，就让他自己捡；如果孩子没有能力自己去捡，也要让他等待一会儿再帮他捡。

针对孩子有意把玩具扔在地上的行为，父母可以用几个大纸盒让他把玩具装进纸盒里，然后告诉孩子："某某要睡觉了，我们把它放到盒子里吧!""某某找不到家了，我们让他回家好不好?"以后玩完玩具就把他们放回盒子里，玩时再让孩子拿，美其名曰"出来玩"。三四岁的孩子都喜欢事事有归属。盒子可以让孩子减少乱扔东西的行为。

把孩子故意的恶作剧行为转移到其他活动中，比如做几个硬纸板的靶子，上面贴着大灰狼、大狐狸的形象，然后让孩子用小布包（内装米粒）向其投掷，并给这个游戏起个名字叫"打坏蛋"、"打灰狼"等，把他爱扔东西的行为转移到正当游戏中去，使他的投掷行为有了"出路"，这样就可能不再把东西扔到地上了。

如果孩子扔东西只是为了引起你的注意，可以不用担心，平时多给孩子一些关注，再找一些比较好玩的亲子游戏和孩子一起玩。有了你的关注和好玩的游戏，他很快就会忘记扔东西这回事。

孩子刚开始扔东西也许只是一种无意识行为，作为家长，如果你再三提起、反复强调或者斥责孩子，孩子就可能会对这件事情产生深刻的印象。结果不是不扔了，而是故意以扔东西的方式来向你挑战或引起你的注意。

专/家/提/示：

如果孩子扔东西只是为了引起你的注意，可以不用担心，平时多给

孩子一些关注，再找一些比较好玩的亲子游戏和孩子一起玩。有了你的关注和好玩的游戏，他很快就会忘记扔东西这回事。

喜欢恶作剧的孩子比较机敏

一天中午，小明的妈妈正在厨房忙着做饭。突然门边的对讲机铃声响个不断，她连忙拿起来问楼下怎么回事。这时候她听到儿子小明在喊她："妈妈，妈妈，你快点下来，我的眼镜被人打碎了，那孩子要跑了，你快来帮我！"

妈妈一听，儿子跟人打架了，尽管锅里还炒着菜，但不能不下楼。所以她赶紧把炉火关掉，穿着拖鞋，飞奔出去。

当妈妈从 7 楼跑到楼下，把大铁门打开一看，呆了。因为儿子的眼镜正好好地挂在他的脸上，而儿子正看着她笑呢。

妈妈非常生气，大声质问儿子："你的眼镜不是好好的吗？"儿子哈哈大笑："跟你开个玩笑嘛！谁知道你真上当了。"说完便往楼上跑。妈妈气得恨不得捉到他狠狠地打一顿。

事后，妈妈先让小明思考几个问题，比如，我在爸爸上班时候打电话给他，告诉他你被车撞了，现在在医院。等你爸来了，我们再哈哈大笑告诉他上当了，这样行吗？又比如，我打电话告诉你的班主任，告诉他你从今天起不再上学了，等你的班主任来时，我们再哈哈大笑，告诉他上当了，这样行吗？小明涨红了脸说："以后我不敢了。"

后来小明问妈妈："那我应该怎么开玩笑才不过分呢？"妈妈耐心地告诉他：开玩笑要自己开心，也要让别人开心，这样才会受人欢迎。如果你开的玩笑是为了捉弄别人，搞恶作剧，别人就会讨厌你，朋友也会越来越少，亲人也会渐渐疏远你。

此后，妈妈经常利用送他上学的时间，给小明讲故事，讲完后还有意地指出哪些行为是好的，哪些行为是坏的，要孩子不要捉弄人，不搞恶作剧。

在世界许多民族的词典里，“恶作剧”简直与“坏心肠”甚至“邪恶”无异，正因为如此，所以很多父母对孩子时不时表演的恶作剧会严加斥责甚至施以重罚。

其实大可不必看得如此严重。虽然孩子的恶作剧行为有时令人难以接受，但他们只是出于一种顽皮心理在作怪而已。德国儿童心理学家在对上百名爱搞恶作剧的孩子作了调查研究后认为，大人们大可不必把孩子的恶作剧视作“洪水猛兽”，更没必要将它与所谓的“道德败坏”联系到一起。他甚至还指出，恶作剧有可能能带来一些“积极效应”。

孩子的恶作剧行为有助于丰富孩子的想象力和创造力。多数发明家、科学家小时候都非常喜欢搞恶作剧，甚至成年后还乐此不疲。其实“导演”一出恶作剧往往需要调动大脑各部分的协调运作，要经过设计、筹划、推理、实践等多个环节才能“大功告成”，而通过这些大脑皮层的复杂活动，可以提高孩子的想象力、创造力，同时还可以培养孩子乐观的性格。

不过，对那些爱恶作剧的孩子，父母的引导和教育也很关键，要告诉孩子，恶作剧不可以过分，更应该是善意的，不能以整人取乐或导致对方身体或情感痛苦为目的。而且恶作剧只能“偶一为之”，因为搞多了不仅不会带来欢乐，还可能积聚仇怨。

喜欢恶作剧的孩子大多比较机敏，而且具有强烈的表现欲。他们通常并无恶意，只是为了引起别人的注意，或逗人一笑而已。在有意无意地捉弄别人中体会到一种所谓的“好玩”、“有意思”。所以，在教育孩子时，也可以让孩子适当体验一下被捉弄的感觉，这比单纯说教的效果可能还要好。这样可以让孩子懂得人与人之间的平等，正像他不愿成为被别人戏弄的对象一样，别人也没有理由去接受他的恶作剧行为。

孩子搞恶作剧的动机并不全是坏的，有的可能是对父母未满足其要求的报复，有的则可能是出于对某些事物的好奇，也有的是认识上的局限等。因此对孩子的恶作剧不可一概而论，要区别对待，该批评的批评，该引导的引导，该教育的教育。

“恶作剧”中往往包含着孩子丰富的想象力和创造力，所以有时候并不全是坏处。对于爱搞恶作剧的孩子，你不妨让他先把要搞的“恶作剧”的内容用文字或口头表达出来，然后必须征得父母的同意才可“变通”执行。比如孩子要把烟头放进鱼缸里，那就把一只小鱼单独放入一只碗中进行好了，看看鱼对烟丝的承受力究竟有多大，从而将孩子的恶作剧引导成为“科学小实验”。

无论是谁，看到孩子在“惹祸”，没事吓唬人，肯定都要火冒三丈，应该立即制止孩子的危险或破坏行为，指出这种行为引起的严重后果，但你不必用斥骂或痛打的方式，因为这样会使孩子与你结下怨恨，甚至产生报复心理。对此，家长要特别注意教育孩子的方式方法。

专/家/提/示:

喜欢恶作剧的孩子大多比较机敏，而且具有强烈的表现欲。他们通常并无恶意，只是为了引起别人的注意，或逗人一笑而已。在有意无意地捉弄别人中体会到一种所谓的“好玩”、“有意思”。

取笑别人，以此来表示自己的能力

6 岁的天天一直被大家认为是个幽默的孩子，但最近爸爸妈妈发现，他放学回来后经常用一些不文明的语言取笑其他小朋友。比如他曾这样说其他小伙伴：“小亮的手长得难看死了，简直就像老太太的脸，都是褶子。佳佳今天穿了一件特难看的鞋，看起来比小丑还搞笑。”

爸爸曾试着提醒过天天：“你这样说同学不太好吧。”可是天天却对此充耳不闻，依然时常笑话其他同学。于是爸爸妈妈就决定想办法帮助天天改掉这种行为。

有一天，天天放学回来后又开始跟爸爸妈妈描述同学："小娟今天被老师训哭了，脸哭得像个花猫脸一样。"

"天天，你不可以再这样取笑同学了。"爸爸说。

"开个玩笑嘛，干吗这么当真呀！"天天嬉皮笑脸地回答爸爸。

"天天，我知道你是个幽默的孩子，可是你的幽默用错了地方。因为你对别人的取笑已经伤害了他。如果以后你再这样说话，我们就会惩罚你。"爸爸严肃地说。

天天开始抗议："别人都可以这么说，为什么我不可以？"

"别人说的并不代表就是对的，所以你以后也不要跟别人学这些话。"

"可我仅仅是开玩笑。"天天还在狡辩。

"我已经告诉你了，你这样做已经侮辱了别人的人格，这是不礼貌的行为，所以你必须要改掉！"爸爸的态度很坚决。

虽然天天很不乐意，但爸爸妈妈依然坚持他们的态度：如果天天再这样取笑同学，他们就会采取相应的措施惩罚他，比如罚他向同学道歉，或者罚他做家务等。

此后，爸爸妈妈便开始监督天天的语言，稍有取笑别人的意思，他们便给予天天相应的惩罚。一段时间以后，天天取笑别人的习惯逐渐被改掉了。

孩子间的争执是在所难免的，但有些时候，孩子对别人的取笑和作弄，常常会让人很反感，这时就需要爸爸妈妈对他进行适当的引导和教育了。

六七岁的孩子已经开始发现语言的乐趣，并愿意说一些引起别人注意的话所以他们取笑别人不见得是自己所能意识到的，也许只是要别人注意自己的一言一行，以此来表示自己的能力而已。

平时在家里可以和孩子多订立一些规则，告诉孩子，哪类用语或幽默可以让人接受，哪类话并不适合当做笑话来说。如果孩子犯规了，就要给予他一定的惩罚措施。当然，如果孩子能够适当地运用幽默，父母还可以给予孩子一定的奖励，以此来鼓励孩子对语言的驾驭能力。

如果孩子喜欢使用某些不恰当的词语来取笑别人，你可以让他站在被取笑者的位置来看问题，告诉他："如果同学因为你今天没有得到老师的表扬，或者今天的衣服弄脏了而取笑你，你会开心吗？你取笑其他小朋友也是一样啊！他们也会不开心的！经常这样耐心地与孩子讲道理，相信孩子会慢慢改掉这个坏毛病的。

孩子常常取笑别人，你就应该让他为自己的恶作剧付出代价，比如让他主动给他取笑的同学去道歉，或者罚他做些力所能及的家务等。通过这种方式，可以让孩子弥补自己的过失，表达正面的歉意，并改掉自己的坏习惯。

平时在家中可以让孩子多接触一些恰当的幽默表达方式，并帮助孩子分辨哪些言行是幽默，哪些是恶意的取笑。

值得注意的是：孩子常常会用一些取笑别人的方式来引起父母的注意，作为家长，如果你反应过度，他可能不敢继续在你面前说这些话，但他知道这样的方式可以刺激你，以后他要引起你的注意，也会用同样的方式进行。

专/家/提/示：

孩子愿意说一些引起别人注意的话所以他们取笑别人不见得是自己所能意识到的，也许只是要别人注意自己的一言一行，以此来表示自己的能力而已。

喜欢拆玩具的孩子有创新意识

有一天，妈妈发现刚给儿子小伟买的大毛毛熊，又很快"牺牲"

了。5 岁的小伟总是不肯对这些可爱的玩具手下留情。买回来的新玩具，不超过 3 天，要么肯定是缺胳膊少腿，要么就是光秃秃的没了毛。这让小伟的爸爸妈妈哭笑不得。这次同样如此，昨天刚给他买了一个大毛毛熊，今天再拿出来一看，毛已经被小伟拔得差不多了。

小伟经常会有些让人不可思议的举动，比如把一辆好端端的“大客车”拆开，目的是想让车里坐进几个“乘客”；把发条青蛙放进水里，想让它在水中游泳；给“下蛋的母鸡”嘴里塞进了很多吃的东西，想让它多下几个蛋……所以家里的玩具几乎没有完整的。

看着家里一堆残缺不全的玩具，爸爸妈妈决定采取措施制止小伟。几天后，爸爸又给小伟买了一个变形金刚，小伟喜欢的不得了。这时爸爸对他说：“儿子，这次爸爸和你一起拆变形金刚，看看它里边都有什么。但是有个条件，拆完后你要想办法把它再组装起来怎么样?”

小伟一听爸爸这次没因拆玩具批评自己，反而还要跟自己一起拆，立刻来了精神，并毫不迟疑地答应了爸爸的要求。

很快，父子二人就把一个好端端的变形金刚大卸八块。这时，爸爸给小伟仔细地讲了变形金刚的内部构造，以及玩具的主要材料等。虽然小伟似懂非懂，但他还是听得津津有味。然后小伟又在爸爸的帮助下，把变形金刚重新组装起来。

以后爸爸经常给小伟买一些能拆能装的玩具，有意地锻炼他的思维和动手能力，小伟也在对玩具的拆拆装装中感受到了乐趣。

拆玩具的现象一般在五六岁的男孩子中比较常见。在通常情况下，孩子拆玩具的行为主要表现出一种探究性。其实这种活动即使在动物中也常有发生。如果你把一种陌生的物品放在一只小动物面前，它也会围着这物品绕来绕去，嗅嗅，碰碰。孩子的好奇心和探究活动当然比动物要高级。他们往往是对玩具为什么会动、会响感到好奇，于是就千方百计地想把它拆开看看。

父母第一次看见孩子拆玩具时，千万不要光知道呵斥和批评，而应该先问问他为什么要这样做，拆开后想知道什么，尽量满足孩子的求知欲。当然，这也不是说就要鼓励他们拆玩具，如果能把孩子的好奇心引导到生活中其他有趣的现象上来就更好了。至于一些毫无探究目的的无缘无故的破坏玩具行为，就要另当别论了。

如果孩子拆玩具是因为好奇心，那么父母可与孩子一起玩一玩，拆一拆，并给孩子解释这些玩具的构造，加深孩子对玩具构造和材料的认识和理解，是十分必要的。父母可以和孩子一起来弄清楚被拆后的玩具如何修复，如何重新组装。千万不要将孩子拆卸后的玩具扔在一边不管，否则孩子可能就真成了一个“破坏者”，而不能成为一个真正的创造者，并且还会养成不爱惜玩具以及不珍惜他人劳动成果的坏习惯。

父母可以针对孩子喜欢拆卸玩具的特点，帮助孩子选择一些特殊的玩具，这些玩具便于拆卸，并且不易损坏，如变形金刚、拼图等，并多和孩子进行一些小制作或带孩子参观一些小发明展览，以此满足孩子的好奇心。

孩子拆玩具，可能是想看看玩具怎样组成的。如果他将这个玩具的零件装到其他玩具上，也许是为了证实另一种可能。千万不要对此斥责他，他能够现在探索玩具，也就意味着将来愿意探索世界。如果他的“探索”形成一种品质，一种习惯，那么将来他就有可能成为一个具有真正创新意识的人。

父母应该积极看待孩子的所谓淘气行为，发现孩子的真正兴趣，并巧妙地将这种淘气行为转化为“建设性”的行为。比如发现孩子在拆玩具时，你可以问问他是不是想知道玩具肚子里有什么，或者这个玩具为什么会动，然后再启发他自己想办法做一个和它一样的玩具。这个过程对孩子来说是一个挑战，他会面临很多的困难，需要开动脑筋，解决各种问题。

家长应当及时制止孩子单纯破坏玩具的行为。当然，不能当着其他孩子的面，或是在孩子在场时对旁人转述他的淘气行为。这不仅会刺伤孩子的自尊心，还可能会导致他的逆反心理，泯灭他学习的积极性和探索性。

专/家/提/示:

孩子拆玩具，可能是想看看玩具怎样组成的。千万不要对此斥责他，他能够现在探索玩具，也就意味着将来愿意探索世界。

问个没完没了的孩子在不断地思考

“妈妈，为什么天会打雷呢?”

“妈妈，人为什么和动物不一样呢?”

“妈妈，为什么人要用两条腿走路呢？为什么……”

甜甜的妈妈真搞不懂，这孩子哪里有那么多的为什么，天天问个没完，有时候问的问题让爸爸妈妈都不知道怎么回答。

其实爸爸妈妈也明白，孩子只是对这个世界好奇而已，孩子发问是因为不明白，但又想知道，这是很好的现象。只是有时候问的问题太奇怪了，令爸爸妈妈都回答不出来。比如，“人为什么只有一张嘴巴呢?”“电视里的人为什么会游泳呢?”等等。

后来，甜甜再问问题的时候，即使爸爸妈妈知道答案，也不会直接说给她听，而是反过来问她，让她来回答。有一次，甜甜在看动画片的时候，电视上说神创造了人，甜甜就问爸爸：“为什么神要创造人呢?”爸爸反过来问她：“你认为呢?”

甜甜想了想说：“我知道啦！一定是神一个人觉得很寂寞，所以就创造人了。”

“你懂的好多呀！爸爸也这么认为。”甜甜听到爸爸的肯定后，非常高兴。

还有一次，甜甜和妈妈在外面玩时，天气忽阴忽晴。这时她就问道：“为什么太阳有时候躲在云后面，有时候又跑出来呢?”

妈妈及时地引导她思考："是呀？为什么呢？甜甜说是为什么呢？"

"是不是太阳感到累了，躲到云后面休息一下呀！"甜甜回答。

妈妈说："甜甜真聪明。"以后甜甜也经常问很多问题，爸爸妈妈都是鼓励她自己思考，甜甜在父母的鼓励下，已经知道很多问题的答案了，虽然有些问题的答案是比较幼稚的。

人们常说：孩子随时随地都是天生的学者和伟大的观察家，他们会不断地收集周围的各种信息，因此他们会对很多事物产生好奇："这是什么？""为什么天会打雷？""为什么人要用两条腿走路？"等等。而且孩子也认为爸爸妈妈有能力回答任何问题，所以他会不断地问自己不知道的东西。

其实孩子好奇是好事，证明他在不断地思考问题。但是，孩子的问题也有家长难以回答或感到尴尬的时候，比如带孩子去朋友家做客，孩子可能会指着朋友问："她怎么长得那么胖呢？"

其实孩子并没恶意，也不能了解别人的感受，只是因为好奇而已。但作为家长，你肯定觉得很尴尬和抱歉。这时候最好的办法就是给孩子一个简明扼要的回答："阿姨只是看起来显得胖而已。"然后尽量把孩子的注意力引到其他事物上去。

当孩子没完没了地向你发问时，家长要记住：你没有必要对孩子所有的问题都给予正面回答，有时候你只要对他的问题点头示意或对他说："妈妈在听"、"对，是的"即可。只要他知道你在听他讲话，一般孩子就会感到很快乐了。

在孩子所发问的问题中最让父母头痛的，多数是一些科学性强的问题。比如，天为什么要下雨？为什么会刮风？有时候还真难说清楚。这时候你在回答孩子的问题时，就要用一些讲故事的方式来启发孩子，为孩子解答，并让他理解。

孩子如果问你："为什么鱼会有鳞呢？"你可能没法用科学的方法来回答他，那不妨这样告诉他"这就像我们穿衣服一样，因为在水中会冷，所以要穿衣服。"这种巧妙的回答可令孩子更易接受。

有些孩子会问很多过于无聊或带有脏字的问题，他问这些问题并非出于好奇，不过是想引起你的注意而已。对此你可以不予理睬，孩子自己觉得无趣后，也便不再问了。

即使是幼小的孩童所问的问题，也并非就可以容易地回答出来，有时候真会令父母感到头痛。如果盲目回答，反而会让孩子更不理解，更加混乱。遇到这个时候，你可以和孩子一起查阅一下资料，一起学习，一起弄清楚问题。

总之，不管孩子的问题有多幼稚，多让你觉得好笑，你都不应该轻视和嘲笑孩子，否则会使孩子丧失发问的意愿，抹杀他的好奇心。

专/家/提/示：

其实孩子好奇是好事，证明他的小脑袋在不断地思考。

不停插话的孩子求知欲强

孩子爱插嘴是一种比较常见的现象，尤其是与父母说话的人越多，他就越想在大人中间插几句话。但是在许多场合，孩子不停地插话却让大人感到是一种干扰，而且孩子常常童言无忌，有时候说出来的话让大人无所适从，尴尬难堪。

孩子出现这种行为有很多原因，比较典型的就是他们渴望被人关注的心理在起作用。这也许是父母平时与孩子交流过少，孩子平时无法引起父母的注意，而只有在父母与人交谈他插话进去时，父母和其他人才会注意他。这是孩子的一种正常心理需求。

另外，还可能因为他们年龄小，知识面窄，但求知欲却很高。当大人讲到他没有听过的事时，他就会提出许多问题，并希望得到解答。这是他们获得知识的途径，也是他们的可贵之处。

孩子爱插话，也是他们自我意识较强的反映，是他们成年后产生自信心和自尊的基础。如果父母粗暴地阻止他们插嘴，可能会扼杀一个有独立见解的人才。如果对孩子的插话给予过多的关注，又可能会促使孩子会不懂礼貌地打断别人的谈话。

8 岁的文文总喜欢在爸爸妈妈与客人谈话时插话。要么让爸爸帮他看作业，要么问爸爸谈话的内容，要么让妈妈给他找零食，如果爸爸妈妈不理会他，他就没完没了地插话进来。总之，他就是希望能在别人的谈话中插上一句，以达到他的要求。

有一天，爸爸的一个朋友来家里跟爸爸聊天，这时文文突然在旁边插了一句："爸爸，你答应给我买玩具火车，我们现在就去买吧。"

"文文，你先自己去玩，爸爸在跟叔叔谈事情呢。"爸爸摸摸文文的头说。

"你说了要给我买的，我们现在就去吧。"文文说。

"爸爸已经说了，现在有事情。"爸爸有点生气了。

"爸爸，你昨天说帮我看作业的，现在帮我看吧。"文文又换了一个要求。

"文文，爸爸告诉你，这样随便打断别人的话是不礼貌的，等爸爸跟叔叔谈完事，就带你去好不好？"爸爸和蔼地说。

"爸爸，那我们什么时候去吃麦当劳呀。"文文自顾自地说个没完。

爸爸见他又像以前一样，特别生气，但是当着客人的面又不好发火，于是就决定不理文文的要求。

接着，文文又提了几个要求，爸爸都没有再理他，而是继续和客人说话，文文觉得很没趣。过了一会儿，自己出去玩了。

客人走后，爸爸对文文说："文文，你这样打断别人的谈话是不礼貌的，你有什么要求一定要等爸爸跟客人谈完再说，否则以后爸爸就一直不理你。"从那后，文文慢慢改掉了这个毛病。

如果孩子常常在你和别人的交谈中插话进来，要先心平气和地告诉他（她）："打断别人的谈话是没有礼貌的行为。"并讲一些孩子能够听懂的道理。

你可以事先告诉孩子，大人要谈一些自己的事，不希望孩子参加。你也可以安排孩子去做一些他（她）力所能及的事，既避免了孩子的插话，又让孩子感到自己没有被大人所忽略。

如果父母只顾自己聊天，不考虑孩子的感受，不许孩子做这做那，孩子肯定会不耐烦，于是就会用插话的方式来引起父母的注意。所以父母在跟朋友聊天时，不妨让孩子做个小帮手，根据孩子的年龄安排一些他（她）力所能及的事情。如端水果，帮爸爸妈妈拿一些东西，打扫卫生等，并及时地给予孩子鼓励和表扬。这样不仅可以避免孩子不停地插话，还可以培养孩子的好习惯，增强为他人服务的观念。

培养孩子的自我控制能力对避免孩子的插话行为有很大帮助。如果孩子能够控制自己的行为，那么在听大人说话时，若觉得不礼貌或看到大人的暗示，就会控制自己要插话的欲望。

专/家/提/示:

孩子插话只是想引起你的注意，所以不要对孩子的言行严厉责骂，这会让孩子不知所措，不仅不知道自己错在哪里了，还会产生一种被爸爸妈妈忽略的感觉。

以闯祸为乐的孩子

6岁的小航是家里的“小闯王”。其实不只在家里，在幼儿园他也经常因闯祸而被老师告状，比如今天给小朋友画个“大花脸”，明天故意把小朋友绊个跟头。老师批评他，他也不以为然，甚至还笑嘻嘻地看着老师，让老师哭笑不得。没办法，老师就只能告诉家长。

在家里，小航的闯祸行为也是一时不得闲。不是把剩饭倒到鱼缸里，就是把水向电源插孔里倒，有几次还因往插孔里倒水差点引起事故，幸好被妈妈及时制止。

对于这样的孩子，妈妈头痛不已。一次吃饭的时候，小航因为饭菜不合口味，故意将饭菜打翻在地，弄得满地都是汤汤水水，气得妈妈差点哭出来。以前，小航闯祸留下的残局都是妈妈帮他清理，这次妈妈不准备帮他收拾，而是要小航自己清理。小航当然不肯，妈妈就对他说："要是今天你不把地板收拾干净，就别想玩你的玩具!"说完，妈妈起身就把玩具锁在了抽屉里。

吃完饭后，妈妈做完家务就进房间做自己的事，也不理会小航要玩具的要求。小航坐在一边哭了一阵，妈妈也不搭理他。没办法，小航只好自己找来簸箕，把撒在地上的饭菜收拾干净，这时候妈妈才把玩具给他取出来。

虽然清理得不是很干净，但至少小航从中受到了惩罚。以后，小航一有闯祸的行为，妈妈要么就罚他站立，要么就罚他做家务，否则就不准他做自己的事，要小航为自己的闯祸行为付出代价，哭闹也不起作用。慢慢地，小航的闯祸行为减少了许多。

父母对孩子最为关心的问题，除了孩子的健康以外，首要的就是教养问题了。不小心打翻果汁或弄坏东西，与幼儿园的伙伴吵架，是每个孩子都会发生的事情。然而，当孩子闯祸时，身为父母打算怎么处理呢？是一边骂他一边帮他善后？还是气不过就把他暴打一顿？

其实，孩子闯祸很大一部分原因是希望引起别人的关注，向别人证明自己的存在或表示自己的不满。当然，有些孩子的闯祸行为也可能出于好奇，比如小航向电源的插孔里倒水，他可能是想看看这样会带来什么后果。所以对于孩子的闯祸行为，父母要根据具体情况具体对待。

对于四五岁的孩子来说，炉子和电源插座显然是非常危险的。所以若孩子经常闯祸，首先就要告诉孩子哪些东西是禁止他动的，哪些地方是不可以去的，这样孩子在玩时就会有所顾虑，闯祸行为也会少一些。

孩子闯祸后。如果因闯祸造成的后果他可以自己承担，那就让他自己承担，父母不要过于袒护。比如孩子因不想吃饭而故意打翻饭菜，那么除了让他自己清理外，最好再对他进行一点额外的惩罚。如罚坐10分钟，或罚不准看电视等。

如果孩子还小，闯祸后还不能尽善尽美地“善后”处理，这时父母就要给予孩子一些指导，告诉他现在该怎么做，但一定不能帮他做。此外，当孩子完成“善后”工作时，父母应给予孩子鼓励和赞扬。夸他懂事、负责，借以激励他在下次情况发生时，能自动、自发地处理事情。

此外，父母有责任向孩子指出他的错误表现，但千万不可否定孩子本质，说孩子“没出息”等。别以为他年纪小，什么都不懂，其实这样会伤害孩子的自尊心。

专/家/提/示：

孩子闯祸很大一部分原因是希望引起别人的关注，向别人证明自己的存在或表示自己的不满。

在公园不肯走的孩子喜欢新鲜的东西

“蓉蓉，我们该回家了。”每次妈妈在公园说这句话时，蓉蓉都会像没听见一样。过一会儿妈妈再催，她也是极其不情愿地回一句：“再玩一会嘛。”一旦妈妈强行要将她带走，蓉蓉马上大哭大闹，而妈妈也总是被她的哭闹所软化。妈妈期待着她自己玩腻了，会主动要求回家。而蓉蓉好像知道妈妈的这点心思似的，妈妈越是着急，她越是东玩玩，西逛逛，就是故意淘气，不想回家。尽管每次去之前，爸爸妈妈都事先向她声明不准赖着不走，蓉蓉也会调皮地眨眨眼睛，使劲地点头。可是一旦到了公园，形势就完全脱离爸爸妈妈的控制。

有一个周六妈妈带蓉蓉在公园玩，时间已经很晚了，可蓉蓉就是死活都不肯回家。妈妈好话说了一箩筐，蓉蓉却兴致更高了。一会儿摸摸这个，一会儿碰碰那个。妈妈生气地说："蓉蓉，你总是不听话，总是故意跟妈妈作对，妈妈下次不带你玩了。"其实，妈妈自己也知道，这句话她已经说过很多遍了，对蓉蓉一点效果都没有。

如果跟从前一样强制性地把她带走，蓉蓉一定又是大哭大闹，本来愉快的一下午也会变成不愉快。妈妈今天心情特别好，不想闹得不愉快。为了缓解冲突，妈妈只好退一步说："好，玩最后一次。让我们蓉蓉自己做主，是玩滑梯还是荡秋千？"

蓉蓉好奇地睁大眼睛，想了想说："荡秋千吧。"妈妈答应了，结果蓉蓉玩了几分钟，就乖乖地答应回家了。妈妈都难以置信，她随口而出的一句话，效果居然这么好。

孩子喜欢赖在公园，大都是他们好动、贪玩、爱新鲜的心理在起作用。孩子天生就喜欢新鲜特别的东西，天天闷在家里，有时父母带他们逛逛街，看到的无非都是些城市的"物质文明"。偶尔来到公园，看到各种漂亮的花花草草，看到那么多好玩有趣的东西，看到那么多和他们差不多大的小朋友，也难怪他会流连忘返呢！

有时候，孩子的确是故意赖着不走，以此来挑战父母的权威！尤其每一次他的耍赖都能让父母做出妥协时，孩子"耍赖"的尺度便会越来越宽。以"耍赖"、"撒娇"、"哭闹"等手段来试探父母，在很多孩子的身上都有体现。所以，父母一定要了解孩子的这一心理特点，对孩子要"言必行，行必果"，不能过分地纵容孩子，或是经常性地欺骗、恐吓孩子。

让孩子玩最后一次，这不仅可以满足他的欲望。同时可以让他感觉到父母很体谅他，已经对他做出让步，父母再说什么，他自然也愿意答应。从这些小事上也可以让他潜移默化地学习到怎样去处理自己和别人的要求，从而达到一种平衡，让双方都满意。

当然，在实行这一点时，一定要强调这个"最后"。既然是最后一次，不管孩子怎么闹，都绝对不能再许诺他一次，要让孩子明白你所说话的分量，让孩子懂得怎么去遵守规则。这样，以后你再对孩子发出这种信号时，孩子就会明确这真的是最后一次了，他也会利用这最后一次机会玩一些他最喜欢的项目，然后心满意足地回家。

当孩子因为挑战父母的权威而耍赖时，父母可以给他提供一个选择，让他自己选择一项游戏来玩。这不仅可以让孩子学会取舍，还可以让孩子感受到父母对他的信任和尊重。孩子会很欢喜，自然就会以“听话”来回报父母。

值得注意的是，如果采用了各种办法孩子仍然耍赖，父母可以适当地罚他。比如出门时就告诉他：“如果耍赖下次就不带你去。”走的时候孩子真耍赖的话，父母就可以明确地告诉他：“因为你没有遵守我们之间的约定，所以下星期我们不再带你来公园。”然后下星期无论他怎样央求，都必须坚持你的原则，要让孩子知道，后果是他自己不守规则而造成的。

专/家/提/示：

孩子喜欢赖在公园，大都是他们好动、贪玩、爱新鲜的心理在起作用，孩子天生就喜欢新鲜特别的东西。

独霸家中物品的孩子自我意识强

小宝是家里的小霸王，只要出现在他视线里的东西，就都是他的，用小宝的话说，就是“我的是我的，你的也是我的”。要是家人稍有“侵占”，他就马上跑过去阻止：“这是我的，不许动！”如果家人退缩，他就洋洋得意；一旦家人不理会他，他便马上一哭二闹，只到家人屈服为止。

在小宝的家里，这样的“霸王戏”天天上演，这样的例子可以说是举不胜举。比如妈妈买完菜回来，想在沙发上歇会，屁股刚挨着沙发。小宝马上大声叫嚷：“我的沙发，不许坐！”爸爸下班回来，刚准备拿起杯子喝水，他也马上阻止：“我的杯子，不许用！”表弟来家里玩，即使是废旧的、小宝不要的玩具，他也不让弟弟碰。

为此，爸爸妈妈没少骂过他，也曾经无数次地强行使用小宝不让碰的物品。可是，小宝的哭闹总是占了上风，爸爸妈妈一次又一次地败下阵来。他们意识到是自己平日太宠小宝了，一时想要纠正不容易，只能慢慢来。

吃饭时，妈妈把小宝最爱吃的鱼放在自己面前，小宝马上大嚷大叫，想从妈妈那夺过来。这一回任他怎么闹，妈妈就是不给，告诉他说：“鱼是大家的，如果你想要，就拿玩具来交换。”此时对于小宝来说，可能是鱼的诱惑力远大于玩具，所以他非常爽快地就同意了。妈妈给了他鱼，同时告诉了他一些关于共享、分享的道理。

从此以后，妈妈总是以这种交换的方式来改变他过去关于“物品所有权”的错误观念。慢慢地，小宝不再坚持认为家里东西都是他的了。他开始学会和爸爸妈妈分享家里的沙发、电视，有时，不需要妈妈的任何交换条件，他也会主动邀请妈妈玩他的玩具。每当他有点进步，爸爸妈妈都会及时表扬他。经过几个月的努力，小宝终于从“小霸王”变成了懂事的孩子。

社会发展的不完善性，也是造成孩子霸道的一个原因。孩子还不懂得社会交往，不懂得共享、分享、交换的道理，自然也不懂得体会别人的情绪。

家长的溺爱也是造成孩子霸道的一个重要原因。现在的孩子大都是独生子女，受到父母和长辈的无限疼爱，甚至是溺爱。父母对于孩子的一切要求都尽量满足，孩子渐渐养成了予取予求的霸道行为。如果父母对孩子的霸道行为不能及时加以纠正，孩子就会变得越来越霸道。所以合格的父母一定要对这些“小霸王”们加以重视，并进行正确的教育和引导，培养孩子形成健康的人格。

家长在教育孩子的时候，要注重营造民主的家庭氛围，全家人围着孩子转的状况得改改了，试试有问题的时候全家人一起商量。让孩子也参与讨论，做出一致的决定。这样孩子会觉得家里东西是全家人共享的，而不是自己一个人的。做决定也是大家都参与的，自己一个人的说法并不算数。久而久之，孩子就不会以自己的想法为衡量标准了。

当孩子的霸道行为已经形成，讲道理、强行制止已经不管用的时候，可以试着以“交换为手段”来让他明白分享的道理，这也比较容易让孩子接受。但是在采取这种方式时，一定要掌握好度，要注意措辞，要跟孩子耐心地分析，讲道理。

此外，让孩子学会和同伴一起玩耍，学会合作和分享，不要一个人在家里称王称霸。还可以试着鼓励孩子做一回哥哥、姐姐，去照顾比他更小的孩子。孩子为了表现自己，一定会欣然完成任务的。经历了照顾他人的过程，孩子的霸道行为肯定会有所改变。

专/家/提/示:

“小霸王”的形成原因是多方面的。孩子都有点“以自我为中心”的心理，他们虽然能够分清自己和家人，但是对于他人的观点却很难接受，当然也不能从别人的观点和角度思考问题，只能以自己的想法为标准，从而表现出非常“霸道”的形象。

自己独占好吃的东西

月月是个不折不扣的“餐桌小霸王”。每回妈妈做好饭，刚刚端上桌，月月就朝着妈妈大叫：“肉放这！鱼放这！都放在我这!”结果每次吃饭，偌大一张桌子，一大半的菜全都放在了月月面前。爸爸妈妈想要吃，还得向月月“请示”。一旦爸爸妈妈没经月月的同意就夹菜，月月就会大发雷霆，甚至会以“罢吃”、“绝食”相威胁。

有一次，奶奶在月月家吃饭，饭前爸爸对月月说：“这盘菜是为奶奶准备的，放到奶奶面前，好吗?”爸爸妈妈好说歹说，可月月就是不同意，见爸爸不肯把菜挪到自己面前，月月一把就把菜掀翻了，然后一个人跑到一边哭去了。奶奶伤心极了：“月月，奶奶对你这么好，你就连一盘菜都不肯给奶奶吃吗?”

为了能让月月停止哭泣，正常吃饭，奶奶只好把菜放到了月月面前，月月马上停止了哭声。但是这一次，爸爸火了，坚决把菜从月月面前拿走，月月又哭了起来，吵着不吃饭。爸爸严厉地说：“月月，你太不礼貌了。这些菜不是给你一个人吃的，爸爸、妈妈、奶奶也要吃饭。我们等你三分钟，如果你仍然不肯吃，我们就先吃了。”月月把求助的眼光转向了妈妈，妈妈有些心软，但还是用认真的口吻告诉月月：“我们不喜欢霸道的、不讲道理的孩子，这一次，妈妈不会帮你。”

月月马上哇哇大哭起来，爸爸妈妈知道如果这一次再心软，就永远都没有办法纠正月月的霸道了，于是坚决狠下心不理她。吃晚饭时，月月仍然不肯吃饭，爸爸妈妈也还是等她三分钟，然后就自己先吃了。到了晚上，月月饿了，吵着要吃零食。爸爸妈妈坚决不给。结果第二天，月月就乖乖地吃饭了，也不敢如此霸道了。

一般来说，“餐桌小霸王”的形成，一大半的原因就在于父母的溺爱和忍让。这样的孩子往往心里只有自己，没有他人。甚至连深爱他的父母，都不懂得体谅和心疼。可以想象，这种孩子长大后极有可能会变得冷漠、自私，缺乏爱心。因此，当孩子出现上述行为时，父母一定要深刻反省，及时“刹车”，越早纠正越好。千万不能因为心软就纵容孩子，以免日后更难改正。

不妨对孩子狠心一点，让孩子受点挫折。尽可能地减少他的优越感，使他逐渐意识到他只是家中的一分子。拒绝孩子的时候立场一定要坚定，同时，也要让孩子体会到父母的爱和良苦用心。事后，要跟孩子讲道理。如果孩子有了一点进步，要适时给予肯定和鼓励。

家长要教育孩子学会分享。比如分水果时，父母可把洗干净的水果让孩子分给爷爷奶奶、爸爸妈妈和自己。事先教育孩子把最大的水果给年龄最大的人，依此类推，将最小的留给自己。遇到孩子喜欢吃的东西，也要人人有份，哪怕只是“意思”一下都行，不要让孩子独享。即使剩下最后一个，还是要平分，要让孩子习惯于把最后的给自己。

多给孩子提供自我服务及为别人服务的机会，增强孩子的他人意识。孩子在帮助别人过程中会感到无比快乐，这会刺激他更加关心他人。平常在吃饭时，也要多引导孩子给父母夹菜，孩子做到了，就给予一定的鼓励和赞美。

培养孩子同情弱者、乐于助人的品质。要引导孩子在游戏中学习与同伴友好相处，共享欢乐，热爱自己的朋友。还要注意掌控爱的能力，让孩子爱父母，爱家人，也关心家人。一个心中有爱的孩子，就会时刻为他人着想。

如果父母平时对孩子一直是一副温柔、慈爱的面孔，突然间摆出一副凶相，孩子会难以接受，感觉恐惧。所以强制纠正孩子时，也要注意眼神柔和，面带微笑，但语气一定要坚决，要以讲道理为主。

专/家/提/示：

多给孩子提供自我服务及为别人服务的机会，增强孩子的他人意识。

霸占电视机的孩子是对物品的珍爱和崇拜

东东虽然只有3岁多，但是霸道的“特质”就已经初步显现了出来。尤其是家里的那台电视机，更是成了他神圣不可侵犯的“私人财产”。遇到他喜欢看的动画片，父母想从他手上夺走遥控器简直是比

“虎口拔牙”还艰难。即使没有他喜欢看的节目，他也是死死地抓住遥控器不放。每天晚上，东东和爸爸妈妈之间必然会引发一场“电视争夺大战”。最后却总是以东东的大哭大闹、撒泼打滚、爸爸妈妈的认输投降而告终。

更让父母头疼的是，即使东东自己看腻了，把电视关了，自己到一旁玩游戏，倘若爸爸妈妈打开电视机，他也会立马放下手中的游戏，跑过去把电视机关掉。后来为了防止爸爸妈妈趁他不注意时“偷”看，他会在玩游戏时也把遥控器死死地攥在手中或者藏在爸爸妈妈找不到的地方。

爸爸妈妈跟他讲过很多次道理，也软硬兼施地用过很多方法，都没有用。但奇怪的是，如果爸爸妈妈跟他讨论动画片或者他所喜欢看的节目，他会欣然答应。这时妈妈就想了个办法：以讨论电视节目的方法亲近东东，和他一起看电视，当电视中出现“分享、谦让、友爱”的环节时，就趁机对东东进行引导和教育。

比如在看《西游记》的时候，妈妈就会问东东：“你很喜欢孙悟空吧。”东东就会很激动地说：“是的！”并且还会跟妈妈讲出一大堆他喜欢孙悟空的理由。而妈妈就会在同意他的观点之后，也讲讲自己的看法：“孙悟空还有一个最大的优点，就是他懂得谦让，懂得尊敬长辈，你看他比唐僧本事大多了，但还是把小白马让给师傅骑，我们东东也要向他学习呀。”

每次这样的谈话之后，东东就明显谦让了很多，晚上还会主动给妈妈夹菜。如此巩固了一段时间，电视机终于成为全家“共享”的了。

两三岁的孩子往往对电视机有种特别的崇拜。他们会很好奇，为什么就这样一个简单东西，可以从里面跑出来那么多好玩的东西呢？于是他们会慢慢地从迷恋看电视到迷恋电视本身，甚至把电视机当成家里最宝贵的东西、最有价值的财产，于是就想完全霸占，不允许别人有任何的侵犯。

孩子对电视机的独霸很大程度上只是出于一种好奇心。一种对他们眼中的“贵重、新鲜”物品的珍爱和崇拜。霸占电视机的孩子往往在其他物品上并不霸道。这就说明，这种行为其实是孩子的天性，也是孩子的共性，本身并无大错。所以，针对“电视小霸王”，父母不能过于严厉，但也要采取一定的手段引导孩子健康发展。

父母可以在孩子一两岁时，就试着向孩子介绍家里或者外面的公共用品。比如全家人一起坐在沙发上时，父母就可以提示一下孩子：这是我们共同的沙发；下楼梯时，就告诉孩子说：这是大家共同的楼梯，我们可以用，叔叔阿姨们也可以用。在父母看来，这些话似乎没有说的必要，但是对于孩子来说，这对培养他的“共享意识”有很大的帮助。

家长可以根据一周的电视内容选择一些适合儿童看的节目，如“大风车”等，包括一些有益的动画片，尽量减少或避免孩子看惊险片或爱情片。孩子看电视节目时，即使父母完全没兴趣，也最好能陪孩子一起看看，给孩子讲解或者和孩子讨论电视内容，帮助孩子看懂，并且利用电视节目中的“分享、友爱、帮助朋友、孝敬父母”等正面情节和人物对孩子进行品德教育。这种教育说法往往比父母的说教更有用。尤其可以利用动画片等节目中的正面人物对孩子进行榜样教育，孩子会非常乐意接受。

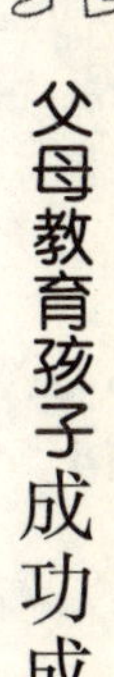

专/家/提/示：

孩子对电视机的独霸在很大程度上只是出于一种好奇心。一种对他们眼中的“贵重、新鲜”物品的珍爱和崇拜，霸占电视机的孩子往往在其他物品上并不霸道。

喜欢当领导的孩子指挥欲强

军军在幼儿园的表现令爸爸妈妈非常苦恼。据幼儿园的老师反映，军军总是喜欢指挥小朋友，不是让同学给他擦桌子，就是让小朋友帮他领早餐、交练习本。一旦别人不同意，他就打骂相加。军军“小霸王”的脾气在同学中间是出了名的，每当军军指挥时，胆小的同学大都乖乖听军军调遣。

老师没少批评过他，也罚过他好多次。但是没有任何效果。军军仍然会趁老师不在时指挥同学。

不久前，爸爸在接军军时，阿姨气愤地说：“下午我安排军军打扫卫生，他竟然指挥3岁多的甜甜替他扫，甜甜不同意，他就去揪甜甜的头发！”

爸爸意识到问题的严重性，知道家里平日太宠军军，结果让他无法无天了。所以就决心配合老师一起纠正他的这种“霸道”行为。

吃晚饭的时候，军军和平常一样大叫：“妈妈，把我的饭盛来！”妈妈说：“自己的事情要自己做，你自己去端吧。”军军一看妈妈不像每天那么顺着他了，就要赖不吃饭。妈妈说：“你不吃就算了，我和爸爸先吃了，你什么时候想吃，就自己到厨房去拿。”军军闹了好大一会儿，爸爸妈妈都不理他，他只好悻悻地自己去端。

第二天早上拿书包时，爸爸也不再听军军的指挥，而是让他自己去拿。并且一再告诉他“自己的事情要自己做”。如此重复了一段时间，军军开始不再指挥父母了。

在幼儿园，阿姨也密切地注意着他，一旦发现军军指挥同学，便马上上前阻止：“自己的事情自己做，我们都不喜欢和懒惰、霸道的孩子玩，对吗?”

过了一段时间，军军发现自己的指挥已经不管用了，而且小朋友们也都疏远他了，就慢慢地不再指挥别人了。为了重新回到小朋友们中间，他还经常会主动去帮助别人。

其实每个人的骨子里都有点想当领导的欲望，只是成人懂得控制自己，不表露出来罢了。而孩子就单纯直率得多了，一有机会就会表现出来。更何况孩子在生活中、电视上都经常会看到“指挥”的情景。觉得那样好神气，自己也想试验一番。父母就是他的最初“试验品”，当他在父母那得逞以后，胆子大的孩子就会以同样的方式去指挥同学。

孩子的“指挥欲”发展到霸道、攻击他人的地步，跟父母的教育不当有很大的关系，靠老师单方面的纠正显然是不够的。如果坐视不理，任由孩子这么闹下去，势必对孩子的成长不利。因此，父母一定要配合老师，及时纠正孩子的这种不良行为。

要帮助孩子明白“指挥”别人和欺负别人都是让人讨厌的行为，引导孩子试着站在被指挥的那一方进行换位思考，让孩子明白他的这种行为会给别人带来怎样的痛苦。

父母要给孩子做好表率，如果父母之间老是用命令的口气说话，对孩子的教育也完全以“命令”为主，怎么能让孩子明白什么是平等、什么是尊重呢？因此父母之间最好也能做到民主一点，和孩子谈事情最好使用商量的口吻，不要总是一种居高临下的态度。

平常多让孩子做些力所能及的事情，最好让孩子试着做到自己的事情自己处理，以免孩子因为懒惰和依赖而指挥别人。

专/家/提/示：

要帮助孩子明白“指挥”别人和欺负别人都是让人讨厌的行为，引导孩子试着站在被指挥的那一方进行换位思考。

顶嘴的孩子办事有主见

赵亮正值青春期，固执冲动，每次放学回家总是坐在电脑前看电视，什么事都不干。爸爸说他，他总是振振有词。妈妈苦口婆心地劝慰，他也总能找出一大堆“冠冕堂皇”的理由。诸如“不让我上网还发明电脑干什么”、“比尔·盖茨小时候不也是电脑迷吗”、“不让上网，你们能保证给我一点自由的空间吗”如此等等。每当如此，做父母的不知如何是好。听之任之吧，那是看着孩子自毁前程。采取强制手段，一是无法从根本上解决问题，二是时间和精力上也不允许。父母经常为此事头疼不已。

每个孩子的情况都是不一样的，作家长的要减少对孩子进行笼统的大道理说教，注意具体问题具体分析。只有针对孩子的具体情况进行“量体裁衣”，才能制订出有效解决问题的方法。

教育孩子是一件严肃、认真的事情，而且是父母必须去面对的。如果解决不好，就会影响全家人的生活，甚至阻碍生活的正常运行，使全家人都感到身心疲惫。

在一些生活琐事中，孩子面对父母的反对，往往会找出各种理由进行反驳，而且句句有理，振振有词，让家长一时难以对付。父母的劝解声刚落，“冠冕堂皇”的理由就出来了。面对这样的问题，家长应该注意些什么呢？一，就事论事。惩事不惩人，其实质是将孩子的不良具体行为与主体的人区别开来，不因孩子某一方面的过错就全盘否定他存在的价值。家长应就事论事，不能将对孩子某一行为的不满迁移到孩子的其他行为上。二，帮助孩子养成良好的习惯。种种良好习惯是建立健全人格的基础，有意识地培养孩子的良好习惯，是培养孩子的成才的起点。三，不可过分民主。过分民主，会把孩子宠坏，使孩子变得为所欲为。孩子，特别是年龄比较小的孩子缺乏经验和判断力，需要父母进行引导性的管教。当然，当孩子长大一些以后，可以晓之以理，并给他们更多的选择。

此外，管教孩子的方法不要总是一成不变。孩子犯了错误，总以罚站的方式惩罚他是不会有多大作用的。父母完全可根据孩子的年龄和爱好限制他的某些活动，如看电视、玩游戏机或参加室外活动等。只要父母不理睬他的不良行为，他就会觉得无趣而自动放弃。

总之，平常生活中的种种细节对孩子的影响都很大。比如事例中的赵亮，他能说出“不让人上网那发明电脑干什么”、“比尔·盖茨小时候不也是电脑迷吗”等反驳性语言，说明孩子有主见，知道电脑是人们生活中不可或缺的。只是孩子不能理解不同场合人们的行为需要弹性和灵活性，不懂得一分为二地看问题。他们受思维发展和生活经验的局限，运用的是一种特殊的推理方式，并据此反驳父母教育理念的自相矛盾。所以，在生活中父母要以身作则，而且要避免对孩子进行笼统的大道理说教。父母应该告诉孩子一把钥匙只能开一把锁，具体问题具体分析，这样孩子也会很乐意接受，其句句有理的反驳现象就会有所改善。

生活中，孩子面对父母的劝解和批评，往往有自己的看法，反驳起来也很有道理，使得家长一时难以对付。这时父母一定要动动脑筋，动用一些小技巧。换句话说就是，父母要富于创造性地应对孩子。

情感的沟通不在于父母给孩子买了什么东西，而在于父母用心陪了孩子多久。无论多忙，家长都要陪伴孩子，特别是在孩子最需要父母陪伴的那几年里。孩子的健康成长并不单是靠丰富的物质生活来保障的，更多的是需要父母的关爱、亲情的慰藉，以及游戏玩乐。

现在，很多家长都很忙。忙事业，忙赚钱，也忙自己跳舞、打牌，就是缺少与孩子心灵的对话，缺少陪孩子，尤其是缺少陪年龄小的孩子唱儿歌、玩游戏的时间。孩子一有这方面的要求，就一句话打发：“自己玩去，你没见我正忙着吗?”似乎除了给钱给吃穿给玩具之外，孩子其他方面的需要都不重要。

孩子成长中的每一个脚步都是不可能重复的，许多事情，一旦错过就不可挽回了。孩子的心灵原本是一张洁净的白纸，要在这张白纸上画上最新最美的图画，作为家长，除了用丰富的物质生活作颜料，还要用父母之爱、稚子之情作彩笔，去描绘孩子的童真、感受和理想。

不要总是以忙为借口，做父母的只要有心，并且行动，就能给孩子更多。记住这句话：父母付出多少，其回报就会有多少。

许多问题，看似是孩子做得不对，其实是家长的教育有问题。有的家长太在乎孩子，太想要保护孩子，在他们看来，大人都是为了孩子好，大人说什么做什么都是对的。于是他们总是把自己的想法强加到孩子身上，不允许孩子有自己的想法。

家长与孩子之间的沟通是十分重要的。这种沟通是建立在相互平等基础之上的，不是谁年龄大就一定要听谁的。家长要经常听听孩子的心里话，千万不要用审问的语气与孩子对话，哪怕孩子真的出现了问题。

父母爱孩子是天经地义的，但也不能随心所欲，走向极端。面对孩子，父母要学会自我控制，保持理智和清醒的大脑。即使是在十分生气的情况下，父母也要问一问自己：到底是孩子的错，还是自己的错？父母一旦情绪失控，势必会影响孩子的情绪，很容易导致家庭教育的失败。

父母在与孩子交谈的过程中，可以把闲谈深入一步，转为对某一问题的讨论。讨论的话题最好是孩子感兴趣的事情。在讨论时，不能把自己的观念强加给孩子。毕竟，孩子也有自己的想法，有自己的思维方式。

不可随便打孩子，要知道，这是一种粗暴的行为。很多父母用体罚的手段去管教孩子，而且还说一些刺伤孩子的话，比如“你一点脑子都不长，蠢死了！”“你无可救药！”等。这种行为是不可取的，其效果大多是短暂的，而且会对孩子产生很多不良影响。需要做的是，父母只有用心去发现孩子的特点，多观察孩子，才能发现孩子在哪些方面有天赋，从而加深对孩子的了解。

专/家/提/示:

孩子反驳有理，父母要用心去应对，创造性地去应对，运用一些小窍门是很必要的。孩子觉得父母很对很有道理，他才愿意接受家长的观点。这样，父母的管教才能有所成效。

培养孩子的责任感

“鹏鹏，去把手洗干净，要吃饭了。”这已经是妈妈第三次叫他了，可是5岁的鹏鹏就像没听见一样，依然在若无其事地玩玩具。妈妈走过去拍了拍他的肩膀，“你没听见我在叫你吗?”“你不是才叫了三次嘛!”鹏鹏好像还很有道理。

在游乐场、幼儿园，这种情形经常出现。妈妈疑惑万分，心想：“孩子这是怎么了？为什么会对我的话充耳不闻呢?”妈妈觉得孩子这种漠视父母的行为非常不好，如果听之任之，纵容孩子继续这种行为，孩子很可能会变得目中无人。

父母要鼓励孩子，并传达对孩子的信任于生活中，有些孩子对父母的话充耳不闻，父母在一边说得口干舌燥，孩子却还是该干什么就干什么，跟没听见似的。

遇到这种情况，父母首先要看到好的一面，那就是孩子注意力集中。同时，不要急于给孩子扣上“不听话”的帽子，而要鼓励孩子，用爱心去感化孩子，并传达对孩子的信任。父母还应该及时地反省自己，看看自己有没有过错。

具体来说，父母要注意以下几点。

一是肯定和鼓励孩子。孩子们每天都在寻求别人的理解，盼望自己受到肯定和公正的评价。对于成长中的孩子，只有肯定和鼓励，才能开启他们走向自信和乐观的大门，才能真正建立起健康的教育环境，从而提高孩子的注意力。

二是以正面教育为主，多种方法并用。家长要晓之以理，动之以情，使孩子在积极的情绪状态中不断进步。严禁体罚与变相体罚，以免给孩子的心灵留下阴影。要知道，父母对孩子的容忍、认可、鼓励，才是孩子成长的最好的“营养”。

三是用爱培养出爱。父母对孩子的指责、嘲讽、羞辱、责骂，都是对孩子的否认。我们常听父母说“打是疼，骂是爱”、“爱他才会骂他”。虽然这些话说得简单，但其实不管说这些话的父母多么爱孩子，多么为孩子着想，在打骂孩子的那一瞬间，爱心已被憎恨所取代。爱与恨犹如一张纸的表和里，把爱变为恨只是一瞬间的事情。天下的父母莫不望子成龙、望女成凤，当孩子不理解父母的心，采取与父母意愿相反的态度时，父母感到十分遗憾而怒气冲天，爱心早已由恨铁不成钢而变为憎恨之心了。爱转化为恨，正是从父母否定孩子开始的。

当父母抱怨孩子不和自己说话甚至不搭理自己时，是否想过罪魁祸首正是自己呢？当孩子向父母打开话匣子的时候，很多父母往往心不在焉、不理不睬，甚至采取交易式沟通。这些都严重伤害了孩子的自尊心，并破坏了孩子与父母沟通的桥梁，致使亲子关系变得越发疏远、紧张。父母应采用开放式、鼓励性的沟通，接纳孩子的不良情绪，并传达对孩子的信任。

责任感是做人最重要的因素之一。一个人的责任感体现在许多方面，比如自己能独立判断、选择并接受其相应的后果，不怨天尤人；做事善始善终，不敷衍了事和马虎草率；不推卸自己的义务和责任；做事不应以自我为中心等。

现在的孩子绝大多数是独生子女，他们受长辈和父母的宠爱，自立意识差，依赖性强，尤其是缺乏责任心、责任感。那么，父母应该怎样培养孩子的责任感呢？

（1）培养孩子的生活能力

让孩子适当做家务能使孩子体验对家庭应尽的责任，同时也能培养孩子的生活能力，增强孩子的自信心与独立性。这样，孩子长大后，便会意识到自己对社会和家庭的责任，才会有信心、有能力去尽自己应尽的义务和职责，而不会总是依赖他人。所以，凡是孩子能干的家务劳动，父母不应包办代替。家长还可以不时地分配给孩子一些任务，这样孩子会产生较强的责任感，养成凡事都愿意自己去完成的好习惯。

（2）独立地做事情

独立性与责任感常常是融为一体的。孩子若有机会经常独立地做事情，独立地支配钱，独立地思考问题，其责任心必然会增强。比如给孩子一定的零用钱供其独立支配，就可以使孩子在花钱的体验中锻炼选择能力与责任意识。一个成功人士在谈到自己所受的家庭教育时曾说过，他的父母十分尊重他的抉择和爱好。比如每月给他一些零用钱让他自由支配，或是买书订杂志、报纸，或是大吃大喝，或是去游玩。对这些，父母从不干预。

（3）注意听取孩子的意见

家中的许多事情，父母应该注意听取孩子的意见，让他们体验到家庭生活的参与感。使孩子感受到尊重，也就培养了责任感。美国一位心理学家曾指出：如果在布置房间时采纳孩子的意见，让他们也参与策划，孩子就会有自豪感和被尊重的感觉，而且也愿意主动担负起一些工作。

（4）帮孩子树立自信

如果孩子正处于情绪发展阶段，此时孩子的特点是：以自我为中心，忌妒、敏感、叛逆、内心开始隐藏小秘密，开始不与父母交流……父母通过惩罚、提醒、警告、恐吓并不能有效阻止孩子犯错。这就要求父母们首先需要管理好自己的情绪，使自己在理智状态下与孩子沟通，积极倾听，善于表达自己的感受，并适当鼓励孩子，这样才能帮孩子树立自信。孩子自信了，责任感就会增强。

（5）培养孩子的爱心

照料花草和小动物，能培养孩子的爱心和责任感。日本有位专家建议在孩子们的书桌上摆放一盆鲜花，让孩子在给花浇水、施肥与松土的过程中，一点一滴地培养他的耐心与爱心，并将这种感情迁移到对待他人与事物上。

责任感是一个人日后能够获得成功的人格品质。托尔斯泰认为：

"一个人若是没有热情，他将一事无成，而热情的基点正是责任心。"所以，责任感是做人最重要的因素之一。

专/家/提/示：

一个人必须有责任感，不管你做什么，谁都可以成为成功者，只要你保持自己的责任感。

淘气的孩子不喜欢上幼儿园

涛涛上幼儿园都快半年了，每天晚上睡觉都要哭醒两三次，每回都哭闹 10 多分钟。早上一醒来就闹情绪，要这要那地折腾人，有时还会装病，目的就是不想上幼儿园。问他不愿上幼儿园的原因，他什么也不说。

即使起了床，涛涛也还是磨磨蹭蹭不愿洗脸、吃饭。爸妈还要上班呀！爸爸急得没办法，只好抱他出门。一路上他大哭大闹，真让父母心疼。

对此，有关儿童专家认为，孩子适应幼儿园的生活需要一个过程。孩子还小，他无法使自己即刻适应幼儿园的环境。也就是说，当离开熟悉的家，来到一个全新的环境，孩子感受到的只有恐惧。由于孩子没有能力消除自己的痛苦，这就要求父母必须与孩子一起度过这一艰难时刻，使孩子早日适应环境。

父母是孩子的第一位老师，在孩子心理成长、人格形成的过程中，起着无法替代的作用。孩子们在成长阶段有很多烦恼，需要家长倾听与疏导。可眼下在快节奏、高强度的工作面前，身为业务骨干、单位中坚的家长们往往顾不上这一点，他们习惯于把孩子交给老人，交给全托幼儿园，交给寄宿学校。这样就加重了孩子因离开父母而产生的分离焦虑情绪。

在孩子入园之初，父母首先要解决的不是孩子吃、喝、睡等方面的问题，而是孩子对安全、归属和爱的需要。后者才是孩子产生分离焦虑的心理诱因。孩子与新环境建立起了依恋关系，分离焦虑自然会消除。

家庭成员相对比较固定，且现在的家庭大都是全家围着一个孩子转。孩子是家庭的核心，是全家关注的焦点。孩子入园后，其交往的对象不断变化，这就使得孩子建立在固定关系基础上安全感、信任感受到强烈的冲击。这就成为孩子产生分离恐惧的诱因之一。

孩子的性格也是产生分离焦虑的一个重要因素。活泼外向的孩子较容易适应集体生活，易与环境中的人交流，也易用外露的方式舒解内心的不安。拥有较强的语言、动作能力的孩子就拥有了与新环境主动交往的能力基础，因而就比较容易适应新环境。

总的来说，孩子入园前，家长一定先要做好舆论上的导向工作，尤其是对妈妈黏得厉害的孩子。要让孩子在心理上对幼儿园有一种渴望，要告诉他，只有好孩子才能去幼儿园。主观上做好这些工作，客观上还要让孩子在家锻炼自理能力，比如尿尿、提裤子、吃饭等。如果让他去了幼儿园再学，他会感觉自己和幼儿园格格不入，园里不如家里好。

不愿上幼儿园的孩子往往依赖性较强。对于这种孩子，父母不要一味地迁就，也不要随意说孩子不听话，更不要抱怨幼儿园老师太严厉。家长应给予孩子更多的关注和关心才是最为关键和有效的。

有的孩子会装病不上幼儿园，家长要善于观察孩子的真、假病症。如果医院检查没有问题，孩子在家也表现正常，那基本上就可以判断是孩子在入园方面有了心理问题。家长应抱乐观的态度跟孩子谈谈入园情况，说一些鼓励的话语，给孩子以信心，使孩子积极地去迎接新的一天。

适度给予孩子安慰，让他感觉父母很在意他。比如每天离开宝宝前，记得亲亲他，并且郑重地跟他道别：“妈妈等你回来，记得在幼儿园里听话，吃晚饭的时候我们再一起玩。”

父母要对孩子说："你已经长大了，不再是小孩子了，你白天要离开家，离开爸爸妈妈，去上幼儿园，就像爸爸妈妈上班一样。在幼儿园会有老师和很多小朋友陪你一起玩。你要向老师学本领，学好多好多知识；与小朋友们一起念儿歌、讲故事、做游戏，可开心啦……"

全家都要对孩子去幼儿园的行为表示肯定和赞赏。在和邻居朋友们玩耍时，故意大声表扬某个他认识的小朋友，并得出结论："难怪呀，原来是上了幼儿园呀。"这样一来，孩子就会对幼儿园有一种期待的心理。

在游戏的时候，认识几个其他孩子的妈妈，如果能一同上幼儿园那就更好了。让孩子们交朋友，一起玩耍，家长一般不要参与他们的游戏。

初送孩子上幼儿园时，如果家长过多地表现出依依不舍，孩子会受家长的情绪影响，更不愿与亲人分离，所以送孩子时不要停留。接孩子时，家长与孩子在幼儿园里玩耍，与老师交流，会让孩子感到连爸爸妈妈也喜欢幼儿园。

有了父母的耐心和细心，孩子的"入园恐惧"就会逐渐消除。如果预防得法，也许孩子会很自愿地去幼儿园。

专/家/提/示：

在孩子入园之初，父母首先要解决的不是孩子吃、喝、睡等方面的问题，而是孩子对安全、归属和爱的需要。

大声尖叫的孩子想以此压倒对方

强强近来总是喜欢尖叫。看到他感兴趣的东西或他很激动的时候，就拉长嗓子尖叫，声音很刺耳，让爸妈很受不了。在他尖叫的时候，妈妈马上会压低嗓子对他说轻点，但基本上无效。

在家的时候，不影响别人还好点。有时在比较安静的公共场合，他突然发现新鲜的东西，就开始兴奋得大叫，成为公共场所的焦点人物，每当这时候，妈妈感觉特别尴尬。

重要的是，强强遇事很不冷静，一旦与人发生争执，也不好好讲理，只会大声尖叫，想以此压倒对方。爸妈常对他说要心平气和地讲道理，可他总是听不进去。

有些事情大人不经意，孩子却很在意尖叫所引起的效果。很多时候，孩子用最大的音量尖声喊叫并不是为了惹大人生气。

一二岁的孩子自我意识开始发展，性格执拗。如果家长的教育方式不对，对孩子娇宠过度，保护过度，孩子就会产生一种优越感，对周围事物和同伴产生不安全感，拒绝和别人多交往接触，唯我独尊。

有的孩子见别人碰他的东西，或接触他就会表示不满意、反抗，得不到自己要的东西就发威。“尖叫”是孩子表达自己不高兴的一种方式，和哭、笑、跺脚等一样，都是孩子情感的表达方式。

一般孩子会觉得尖叫很有趣。孩子对生活充满了兴趣，他要探索发挥音量的最大力量，并企图用噪音去做些什么。当他在开阔的空间尖叫时，大的回声使他感到很有趣。其实，尖叫可以让小孩学会用气和力，而学会用气和力对身体非常有益。因此，在不影响别人的情况下，家长可以引导孩子去利用自己的声音，说不定还能培养出一位歌唱家！

为了引起大人的注意，一些孩子到处喊叫，是为了让父母注意他们，这是他们说话的方式，似乎在说：“嘿！看看我！”另外，在要一些他们得不到的东西时，如一块糖果，他们也要大声尖叫。这时，尖叫的意思是：“我要！请马上给我！”为了表达情绪，很多时候，孩子尖叫是在表达一种有原因的情绪，比如兴奋、不满。缺少沟通，孩子容易喊叫。很多父母太忙，没时间照顾孩子，孩子希望得到父母的关注，为了表示不满，就会大叫。

孩子的喊叫还可能是因为压力大，有些家长本身压力大影响到孩子，也可能是家长对孩子要求太高，以喊叫来发泄其压抑的情绪。有时大声喊叫可以起到减压的作用。如果总是喊叫，家长就要深入了解其中的原因了。

喊叫可以得到自己想要的东西。有些孩子非常聪明，善于察言观色。一位有经验的儿童心理学家解释，如果孩子尖叫的行为受到限制，他便知道他在公共场所的尖叫声能使父母尴尬，可以加以利用。一些孩子在家里，可能一切都很正常，但出去到公共场所的时候，他知道大声尖叫会引起很多人的关注，能让父母难堪，可以趁机要求父母满足他的要求。久而久之，每次只要出家门，他就会大喊大叫，并且每次都提些无理要求。

因此，孩子尖叫时提出要求，最好不要满足他，以免强化他的不良习惯。认真找出孩子大声尖叫的原因，才能对症下药。想要做好父母，就要学会与孩子平心静气地交流。孩子小的时候，因为他交往的圈子相对较小，与父母交流的欲望就显得尤为强烈。等到孩子长大后，交往的范围大了，他对父母的依恋才会随之减弱。

当孩子尖叫、发脾气时，只要当时没有自我伤害行为，就不要理睬他。有时如能保证孩子不会有危险或不会损坏其他物品，也可以把他单独放到另一个房间里去。待孩子停止尖叫、发脾气后，立即给他关心和爱抚，对他停止发脾气予以表扬和称赞，并可给予适当的奖励。

当然，这种做法说起来容易，做起来却难。一是因为这种方法需要一定的时间才能起作用，因而必须持之以恒、坚持不懈才会有效。二是让父母在孩子尖叫、发脾气时不予安抚或理睬确实是很难办到，这需要钢铁一般的神经，加上聋子一样的耳朵。不过这是一种最终能获得成功的方法。

有尖叫习惯的孩子，往往不知道尖叫会带给周围人不舒服的感觉。家长不妨考虑与邻居妈妈协商，把爱尖叫的小朋友都聚在一起，举办一次“尖叫”大赛。让孩子感受到与自己有相同尖叫习惯的小朋友，放声尖叫后造成别人的反感及喉咙的不适，并趁机教育孩子，“尖叫”会影响到别人、造成自己喉咙不舒服、妈妈不开心等，进而改善这种坏习惯。

孩子不能正确表达自身的情感，也容易影响其人际关系，造成孩子孤僻，喜欢大喊大叫。因此，积极对孩子进行语言方面的训练，让孩子逐渐学会如何表达自己的愿望和要求，学会与人相处，学会集体生活。

如果短时间内，孩子无法改掉以声音宣泄情绪的习惯，建议带孩子到大自然中去，对着高耸的森林或无垠大海放声呐喊。相信这样做一定会尽快摆脱不良情绪。

专/家/提/示:

“尖叫”是孩子表达自己不高兴的一种方式，和哭、笑、跺脚等一样，都是孩子情感的表达方式。

早睡早起的孩子精神饱满

东东总是该睡的时候不肯睡，该起的时候不愿起。晚上都10点了，他却精神百倍，比白天还活跃。让他睡觉，他不是要吃东西，就是故意拖延时间。早上都8点了，他还没睡醒。如果爸爸妈妈勉强把他叫醒，没睡够的东东会闭着眼睛嘟囔，甚至大哭大闹：“我不想起床，要睡觉!”

看着东东闭着眼睛又哭又闹的痛苦样子，爸爸妈妈心软了，只好哄哄他：“不哭不哭！睡吧睡吧，再睡一小会儿。”任由东东撅着屁股、抱着被子，翻个身又呼呼大睡，以至于东东每天到幼儿园都迟到。有时候，早上偶尔早起一次，去幼儿园也是八点以后了。

很多家长常常抱怨自己的孩子早晨赖床，即使在父母的千呼万唤下勉强醒来，也是赖在床上不肯起来，早餐来不及吃，上幼儿园经常迟到。家长还反映这些孩子晚上睡得很迟，大多在10时后才上床，到11时才能入睡。其实，正是晚上迟睡导致孩子早上赖床的。

国外研究表明，1~3岁的孩子每天要睡11~12个小时，4~7岁的孩子要睡10个小时左右。如果晚上11时入睡，第二天早晨7时起床，那孩子每天的睡眠时间才8小时。这对孩子的生长发育非常不利。

导致孩子晚上迟睡，早上赖床的原因有哪些呢？一是受家长作息规律的影响。孩子赖床，大多与家长的生活习惯有关。家长因为看电视、在家加班不休息等，都会影响幼儿的作息习惯。二是白天运动不足。有的孩子白天运动不足，夜间不肯入睡，哭闹不止。这些孩子白天应增加活动量，孩子累了，晚上就能安静入睡。三是午睡时间安排不当。有的孩子早晨起不来，到了午后2~3点才睡午觉，或者午睡时间过早，以至晚上提前入睡，半夜睡醒，没有人陪着玩就哭闹。这些孩子早晨可以早些唤醒，午睡时间作适当调整，使孩子晚上有了睡意，就能安安稳稳地睡到天明。

有些家长非常心疼孩子，任由孩子睡懒觉。特别是节假日，很多平日普遍睡眠不足的孩子往往会在家“补觉”。然而一些孩子感觉越睡越困，甚至出现头晕等症状。其实孩子只要养成良好的作息习惯，保证充足的睡眠就可以了。

睡懒觉不仅无益于生长发育，而且还有种种弊端。清晨卧室空气混浊，空气中含有大量细菌、二氧化碳气体及灰尘，易损害呼吸系统，诱发感冒、咽喉炎，还可引起咳嗽等症状，时间长了，还可能损害记忆力和听力。空腹一个晚上后，身体已出现明显的饥饿感，这时若赖床不起，会打乱肠胃活动规律，胃肠黏膜将受到损害，容易诱发胃炎、胃溃疡及消化不良等疾病。此外，中小学生睡眠时间不要超过9小时，父母应纠正孩子睡懒觉的习惯，正确而适时唤醒睡眠中的孩子。即使是放假期间也要注意合理安排睡眠时间，保持良好的生活规律。父母在叫醒孩子时，可以诱导孩子自然苏醒，如可在孩子应该起床的前10分钟打开收录音机，放些轻音乐，然后将音量逐渐加大。同时，打开窗户，使室内的温度降低，这样连续5~6分钟，孩子便可自然醒来。

（1）家长是孩子的榜样

家长不要因为看电视或忙于其他事情，使孩子不按时睡觉，这很难养成良好的习惯。如果家长自己晚上常常熬夜、早上不起，要求孩子早睡早起自己也会觉得理亏三分。如家长晚上实在需要加班工作，也应先哄孩子入睡，然后再离开。如果实在做不到早起，最好和孩子解释清楚，以免孩子不服气。家长早上不要睡懒觉或在被窝里与孩子逗玩，让孩子在床上吃早点等，这样无形之中会养成孩子赖床的坏习惯。

早睡早起，重在坚持。家长常因一时心疼孩子让他晚睡一次、晚起一回，时间长了，不利于孩子好习惯的养成，还容易让养成的好习惯半途而废。

（2）为孩子营造良好的睡眠环境

父母应该给孩子营造一个有利于睡眠的氛围，把室内的灯光调得暗一些，孩子上床前尽量不要和他交谈。不要大声吵闹，睡前不要过分逗弄孩子，不要让孩子看太多令他兴奋的动画片，也不要讲惊险恐怖的故事。否则，会使孩子睡不好。

（3）让孩子懂得睡眠的益处

家长要告诉孩子，睡眠可以消除人体疲劳、恢复体力，使劳累了一天的大脑得到充分的休息。睡眠充足，人的精力和心情也会随之好起来，而且还能在睡眠中排毒、长身体。此外，告诉孩子，坚持早睡早起有助于磨炼人的意志。

专/家/提/示：

孩子起得早，早餐也吃得香甜可口，这样才能保证孩子白天精神愉快，精力饱满。

让孩子爱上体育锻炼

小杰长得虎头虎脑的，从小到大喜静不喜动。有什么活动，远远地看着别人还行，就是不愿意参与。小时候出门在外，喜欢爸爸妈妈抱着或者背着，喜欢坐车，走一会儿他就嫌累。

如今小杰上小学四年级了，一有空闲，他宁愿看电视、上网，也不愿做运动。爸爸督促他锻炼身体，他总说“没意思”、“不好玩”。让他跟小伙伴一起踢球，他说“脚疼”，而对于跑步、打球等耐力运动，他更是提不起兴趣。

因为平时不怎么运动，小杰的体质越来越差了，爬爬楼，跑跑步就气喘吁吁，爸妈真为他着急。

参加运动对任何年龄的孩子都非常有益。锻炼身体不仅能让孩子身体结实健康，而且还能磨炼孩子的意志。无论孩子参加的是像曲棍球、足球这样的团队运动，还是像体操、跑步这样的个人运动。在运动中，孩子都能学到新的技能，懂得体育精神，增强自信，这些都对孩子终生有益。

然而，有很多父母反映：孩子不爱锻炼，整天懒洋洋的，对什么运动都不感兴趣。其实，是极少有孩子天生排斥运动的。他们的天性中总充满活泼好动的因子。问题是现实生活中如何正确引导。

孩子学业忙，几乎没有时间锻炼身体。小学五年级的鹏鹏每天早晨6点就会被闹钟叫醒，睁开惺忪的眼爬起床，就开始了忙碌的一天。7点吃早餐，8点到校，上午四节课，12点放学，吃饭，中午在桌子上趴一会儿。下午17点放学，晚上吃过饭，19点写作业到22点。到了周六，早上学奥数，下午上英语辅导班。周日早上上奥数，下午写家庭作业……每天等把这一切忙完，鹏鹏最大的愿望就只剩下睡个好觉了。

其实，像鹏鹏这样的孩子不在少数。“负担太重，没时间锻炼”也成了家长们反映最多的问题。

城市的天空很大，留给孩子的空间却很少。令很多家长苦闷的是，孩子可以活动的场地太少了。小区连个广场都没有，孩子回家只能待在房子里，也没有伙伴。

孩子们并不像一些父母们想的那样关注奖品和比分，大多数孩子只是想和朋友们一起，作为团队的一部分，从事自己的运动。不幸的是，一些父母总是做不到对孩子的运动“袖手旁观”，结果有许多孩子由于父母的压力过大而失去了对运动的兴趣。因此，相关方面的专家指出：孩子运动时，父母少“插嘴”。

一些父母认为，孩子参加运动是贪玩的表现，于是多方阻挠。殊不知，体能是孩子全面发展的重要素质！当孩子拥有健康时，他可能拥有的更多。

成长过程中缺乏运动，负面影响不少。等到父母意识到健康的重要时，那就需要花更多的时间、金钱、精力去扭转这种局面，而且会感觉事倍功半，甚至要时时承担失败的痛苦。

尽管孩子身体各方面还比较稚嫩，要使孩子长得健壮，力所能及的锻炼是不可缺少的。3 岁以后的孩子，其神经系统和运动系统的发育都日趋成熟，孩子的体格锻炼应该采取综合的形式来进行。通过室外走、跳、跑、攀登等体育运动，做儿童健身操或运动量较大的游戏活动，既可以利用充足的阳光、新鲜的空气、清洁的水流等自然条件，又能够通过各种活动对孩子的健康成长产生积极的影响。

体育锻炼，除了能增强身体防御机能，对孩子的大脑、神经、骨骼、智力、人际、情绪，以及人格发展，都有显著的影响。父母为孩子制订学习计划时，别忘了在成长一栏里添上运动计划，让孩子在充满健康的环境中起跑。

培养孩子运动锻炼的兴趣是十分必要的。孩子最需要的是跑起来，跳起来，让全身运动起来。然而现在的孩子大都存在运动不足的问题，这可能影响到他们的身体发育，甚至对其生理、心理及行为方式都产生不利的影响。父母要从多方面努力培养孩子运动锻炼的兴趣。

从踢毽子、跳橡皮筋等简单运动开始，可以让孩子慢慢爱上运动。踢毽子可帮助儿童获得整体的协调能力和较强的腿部力量，培养快乐的性格。不过，要让孩子爱上运动，还得讲点技巧、用点计谋。比如，给孩子找出他喜欢的运动偶像，让孩子了解偶像身上的恒心和韧性，成为他运动的动力。

有些孩子喜欢球类运动，比如棒球、足球和网球。另一些喜欢游泳、马术、体操或航海。观察孩子的强项和弱项，以及孩子喜欢的和讨厌的事物。让孩子尝试几种不同的运动方式，直到他找到一种适合他的运动。

通常和家人一起运动，没有教练或团队的压力，可以使孩子享受其中的乐趣。这会给孩子树立一个榜样。当你自己的运动只是“三天打鱼，两天晒网”时，很难要求你的孩子进行更多的体育运动。

父母可以找一种能和孩子一起参与的运动，例如军事游戏、游泳或是网球，并一起上课。孩子们很喜欢得到父母的关注，并会在这一过程中逐渐喜欢这项运动。

一些运动项目虽然需要专门的时间和场地，但是还有很多运动要在日常生活中进行。很多生活环节，大人不要包办代替，不要怕孩子做不好，放手让孩子尝试，都是锻炼的好机会。

一般小孩都或多或少的有跟别的孩子攀比的现象，那么我们就可以鼓励他多和别的孩子在一起玩。和别的孩子在一起肯定会互动起来，这样他就会不甘落后，从而爱上运动！

专/家/提/示：

锻炼身体不仅能让孩子身体结实健康，而且还能磨炼孩子的意志。

讲卫生的孩子受欢迎

淘淘5岁了，玩起来就把身上、衣服上弄得很脏，而且毫不在乎。每天妈妈都得给他换好几身衣服。

昨天，妈妈费了好大力气才把他哄回家去洗个澡，换了一身干净衣服，准备一会儿去姥姥家。谁知妈妈的衣服还没换好，他已经又弄得满身满脸都是泥，像一只活脱脱的泥猴子。这还不算，他还拿着自己捏的小炮弹在院子里扔来扔去，搞得满院狼藉。

妈妈正想说他，居然看见他用小泥手去揉眼睛。妈妈赶紧制止。这次是让妈妈看见了，妈妈看不见的情形还有很多。妈妈真担心淘淘如此不讲卫生会生出什么病来。要是如此下去，愈演愈烈，养成不讲卫生的坏习惯就更难办了。

在所有的好习惯当中，讲卫生的习惯非常重要，因为它会影响孩子一生的健康。小孩不讲卫生，本身孩子不懂事，觉得洗手麻烦。要让孩子自己有一种爱讲卫生的习惯，家长在孩子面前就要无时无刻地影响和教育孩子。

随着孩子年龄的增长，接触外界的机会也明显地增多了。孩子的好奇心强，常常摸摸这个，动动那个，似乎对什么都感兴趣。尤其喜欢捡地上的小石头、小木棍、小纸片，喜欢玩沙、玩土，这样一来，小手时常弄得脏兮兮的。如果用小脏手揉眼睛，易引起眼睛感染；用小脏手拿东西吃，易引起腹泻等胃肠道疾病。因此要培养孩子饭前、便后洗手，从外面玩回来洗手，弄脏手后随时洗的习惯。不用手或衣袖擦鼻涕，教会孩子用手绢儿擦鼻涕和眼泪。

然而，许多家长教育孩子讲卫生时，总是有很多的不要：不要把衣服弄脏了，不要把脸上弄脏了，不要把手弄脏了，不要玩出汗来了，不要吃玩具，不要这样，不要那样……而很少告诉孩子为什么要这样做，结果弄得孩子无所适从，行动拘谨，久而久之，不像孩子，而像个没有思想行为的布娃娃。这样，在无形中就扼杀了孩子的天性，禁锢了孩子的思维。要知道，每个孩子都是经过摸爬滚打才长大的，父母不应也没必要苛求孩子时刻注意卫生保持衣服整洁。

一位家长反映，她的孩子不愿上幼儿园，一听说上幼儿园就大哭大闹，甚至要往地上滚，想了很多办法都不行。

心理专家分析，这个孩子不愿上幼儿园的主要原因，是他的衣服太漂亮了，而且妈妈一直要求他在幼儿园不要把衣服弄脏。为了爱护自己的衣服，不受家长的训斥，当其他小朋友在追跑打闹、玩土、扔石块时，他只能在旁边看着。这样不但难以享受到幼儿园生活的乐趣，还被小朋友们孤立起来。因此，他对幼儿园产生了恐惧。而在家里能保持衣服干净，受到家长的表扬和奖励。

可见，太在意孩子的衣服是否干净，会严重地限制孩子的活动，妨碍他参加各种游戏，而游戏是孩子发展智力、主动性和道德感的重要课堂。所以，对孩子的衣服不要刻意求美、求保持干净。如果希望孩子讲卫生，最好是给他勤换勤洗，而不应要求他一点不脏、绝对整洁。

父母要做的不是给孩子定规矩，而是要让孩子获得卫生健康的知识，理解卫生与健康之间的关系，激发他爱清洁、讲究卫生的愿望。其实，对孩子进行卫生与健康教育就是要解决"为什么"的问题。

奇奇的母亲是位医生，因为职业的关系，她特别注意培养女儿的卫生习惯。妈妈跟奇奇说："要做个讲卫生、爱清洁的孩子，这样别人才会喜欢你。比如说饭前便后一定要洗手。"

奇奇问："为什么饭前便后要洗手?"妈妈告诉她："因为手每天要碰各种各样的东西，会沾染很多细菌，要是在吃饭前不洗干净，吃饭时不小心把细菌吃进肚子里就会长出虫子来。有虫子，就要去医院打针吃药了。"等她稍大一点，妈妈还进一步告诉她，饭前便后洗手可以预防各种肠道传染病、寄生虫病。现在，奇奇已经完全养成了良好的卫生习惯。

在日常生活中有许多这样的问题，家长可以随时帮助孩子分析，让他理解每一件事情的意义，逐步让他懂得不讲究卫生，就会影响健康，要想有个健康的身体，必须讲究卫生。

家长应该尽量少用命令、否定的口气要求孩子，要讲明道理，让他理解为什么这样做的原因，加深他的认识，能自觉地讲究卫生，保护自己的身体健康。

我们通常所说的卫生习惯，一般包括饮食、睡眠、休息、运动等方面。从小培养孩子这些方面的习惯，孩子会受益一辈子。要做到这一点，父母该怎么办呢?

当遇到肚子疼的时候，是家长教育孩子的最好时机。孩子小的时候还要告诉他，老师和其他的小朋友还是喜欢和干净的小朋友在一起。还可以反过来举例，如果家里也不打扫卫生，吃完饭锅碗也不刷，到处都是脏的，天气暖和又会有虫子，蚊子苍蝇什么的，大家谁也不愿意回家了，就没有地方住，没有电视看了。

孩子不爱洗手洗澡，父母可以和孩子一起玩洗手游戏。比如，让孩子抱着娃娃，然后父母用水给娃娃洗手，告诉孩子，洗完手之后，娃娃就会干干净净的，不会生病了。在游戏中，让孩子渐渐地喜欢上洗手。

洗澡时，可以在孩子的澡盆中放一些漂浮的玩具等。一位妈妈每次都会和孩子一起刷牙，经常在一旁告诉孩子：“牙齿也需要洗澡，这样它们就能和你的小脸一样白净了！”

当然，给孩子清洁时应避免把水或肥皂弄到孩子的眼、鼻中，以免使孩子对清洁产生恐惧或反感。

带孩子去外面游玩，吃东西以后可以把包装纸给他，叫他扔到垃圾筒里。告诉他这样做一方面是保护环境，一方面是养成遵守社会公德的好习惯。这样慢慢地孩子就会知道，乱扔垃圾是不讲公德的行为。孩子的个人素养在无形中就提高了。

专/家/提/示：

父母可以告诉孩子，环境卫生了，大家才能真正的健康，健康了才能做自己想做的事。

嘲笑别人的孩子是想有效地控制局面

路路家最近搬来了新邻居，邻居家的小孩也是6岁，两个孩子经常在一起玩。路路口齿伶俐、声音洪亮，而小邻居说话有些结巴。现在，路路一回到家里就开始带着嘲笑跟妈妈学邻居家小孩儿说话："妈妈，我，我……我回来了。""妈妈，我饿，饿……了。"说完之后还显出得意的神色。

妈妈还听说，路路在学校也这样，现在他班里的同学已经都知道他有个说话结巴的小邻居了。孩子的这种行为不仅是不懂得尊重别人的表现，还很容易使自己也变成结巴。

别让孩子无意的嘲笑伤害了他人，看到身边的小孩儿说话结巴，往往觉得好玩而模仿。口吃的毛病一旦染上就很难改掉，有人曾做过统计，成年人口吃有近90%是小时候模仿他人导致的。家长一定要慎重，千万不要让孩子故意模仿口吃。

孩子学结巴说话，除了觉得好玩之外，还有一个重要的心理，那就是——嘲笑！模仿结巴说话的孩子往往年纪比较小，因此他们还不明白自己的行为会伤害别人。孩子是无意的，但家长可要留心。

那么，孩子喜欢嘲笑别人的原因是什么呢？

第一，嘲笑别人是为了寻找乐趣。他们可能发现，嘲笑能够引起其他孩子的哄笑，被嘲笑者则表现出或窘迫或气愤的反应。这会使他们觉得自己很聪明、很神气，并有一种控制他人或控制局面的快感。

第二，嘲笑别人，自己会有占了上风的感觉。嘲笑就是恶意的捉弄，嘲笑某人通常是为了让被嘲笑者遵守某种规则，或把被嘲笑者驱赶出某个群体。孩子到了一定的年龄段之后，交友的想法不再那么简单。他们喜欢与外表相似、行为也相近的孩子在一起，嘲笑他人能使这些孩子团结起来。孩子们有了单纯的竞争意识，聚成一拨儿的孩子与其他孩子之间总想分出个上下，而嘲笑是显示自己占上风的最简单方式。

第三，对孩子夸奖不当，也会引起孩子嘲笑他人。如果家长对孩子的夸奖太过度，或者在夸奖自己孩子的过程中贬低了其他孩子，那么孩子就会沾沾自喜，以为别人都不如他，从而嘲笑其他小朋友。如果孩子从未或很少得到夸奖，那他就会不自信。心理学家发现，不自信的孩子不能悦纳自己、尊重自己，因此容易以一种厌恶和挑剔的眼光去看待别人，容易通过打击和嘲笑对方的缺陷来获得自我的心理平衡。

第四，孩子的言行会受到家长和环境的影响。如家长经常议论邻居的孩子又脏又不懂事，一副呆头呆脑的样子。孩子听后，会记在心里，在某个时候遇到邻居的孩子，就会用夸张的语气嘲笑他：“你是个傻子，我才不和你玩呢!”

此外，孩子语言能力的增强也对嘲讽起了加速剂的作用。稍微大些的孩子不仅能够表达较为复杂的思想，而且还会把个人的价值观念附加到自己的观察上去。一个幼童会天真地评论另一个孩子超重了，而大些的孩子就会附加一种观念“傻胖蛋”。在这个例子中，这种附加是负面的，因为他们会说这个孩子笨手笨脚。

家长发现孩子有嘲笑别人的行为时，不要置之不理，应分析其原因，以正确的教育方法引导孩子。

我们都知道，要想让别人尊重自己，那么自己首先要去尊重别人。健康的人际关系应该是相互尊重的，而不是建立在相互贬低和嘲笑的基础上。家长应培养孩子从小就尊重他人、关爱他人的品质。孩子具备了这样的感情，将来就能形成良好的人际关系。

当孩子嘲笑他人时，如果家长也跟着笑，那就会强化孩子的这种行为。家长要保持严肃，当孩子看到家长严肃的表情时，可能就会在心里

意识到，自己做得有些过分。

有些孩子不懂得尊重别人，称年纪大的女人为“乡下老太婆”，叫农民工子女是“乡下野孩子”等。类似这种看不起别人、嘲笑别人的话语，很多孩子会脱口而出。孩子们究竟在嘲笑谁？一个人在看不起别人的同时也贬低了自己。当然，孩子们的嘲笑并不是有意为之，也可说成童言无忌。但被嘲笑者听了心里肯定很难受。

所以，家长要分辨孩子嘲笑别人的行为是有意的还是无意的。如果是有意的，就要让他为此付出代价。家长可以采用适当的惩罚方法，让孩子从中吸取教训。比如，可先让孩子去道歉，并且在一周之内不许看动画片。

家长要耐心地向孩子讲解生理缺陷是由遗传或是疾病、事故造成的。生理缺陷给一个人的生活、工作、学习带来了诸多不便。让孩子设身处地地想，从而使孩子对别人产生同情。家长可通过社会上的实例，使孩子了解，虽然有些人生理上有缺陷，但是他们有勇于克服困难、顽强拼搏的精神，他们在人格上与健康人是平等的，是值得人们尊重的。

同时也要指导孩子在行动上帮助他们，鼓励孩子主动接近生理有缺陷的小伙伴，恳切地邀请他们一同参加适合的游戏，对小伙伴在游戏、学习中的困难要体谅并耐心地帮助。

专/家/提/示:

家长发现孩子有嘲笑别人的行为时，不要置之不理，应分析其原因，以正确的教育方法引导孩子。

骄傲的孩子喜欢体验成功的感觉

9岁的晓晓上小学三年级，学习成绩突出，参加学校的各种学习竞赛连连获奖，谁见了他都忍不住要夸上几句。可是渐渐地，晓晓开始骄傲自满了，只能听表扬，不能听批评。上课也不遵守纪律，认为自己什么都会，不用听老师讲。他还对班上的同学表现出不屑一顾的态度，有时还取笑别人。老师已经给晓晓妈妈打电话反映多次了，可晓晓就是听不进去，还说："我就是比别人强！"因此，妈妈非常着急。

"虚心使人进步，骄傲使人落后"，这是老生常谈的问题了。骄傲的孩子常常表现为过于自信，对自己估计过高，对同伴估计过低，看不起别人。这样的孩子往往虚荣心较强，只爱听表扬、夸奖的话，不能挨批评，不爱接受别人的意见。

骄傲会阻碍孩子多方面能力的提高，妨碍同伴友好相处，从而使孩子变得心胸狭窄、意志薄弱，将来难以适应复杂的社会生活。不过，父母没必要对这些问题过于着急，骄傲自满不是孩子的天性，它是在孩子有了一定的自我意识、自我评价能力后产生的。

幼儿自我意识发展较差，导致孩子不能客观地评价自己，也不能客观地评价别人。有时不经过教导就不能正确分析问题，因此看不到别人的优点，只看到其他孩子的缺点，眼睛只盯着别人的不足。当人家有了成绩时，他又会很不服气。

有些孩子虚荣心强，总想听好听的，听不进父母的逆耳忠言，觉得受批评很没有面子，尤其是当着外人的面，更不肯承认自己的短处。这种孩子在竞赛活动中，只能赢，不能输，稍有挫折，就大哭大闹，心理失去平衡。孩子会受电视上的一些影视情节的影响，产生了个人英雄主义，以自我为中心，总喜欢处处表扬自己，引起同龄人的羡慕。孩子年纪小，知之不多，他们的行为多是模仿大人而来。所以，孩子的所谓优越感，看不起他人的种种表现，有时是同家长的作风分不开的。

孩子骄傲也与家庭教育有关。很多家长都认为"不能让孩子输在起跑线上"。于是忙着为孩子填充各种知识、才能，有些孩子学龄前就能说一口流利的英文，琴棋书画样样都行，这无疑是为孩子创造了引以为傲的资本。加上家长的教育方法不当，平时对孩子表扬、夸奖过多，使孩子在一片赞扬声中长大，从未经受过任何挫折。其实学习的路还很长，为什么要过早地把孩子填满？我们需要教会孩子的何止这些，孩子更需要的是从小被赋予的一种良好心态与品质，需要在情商上不逊于他人。

此外，在家庭生活中，有些家长总是代替孩子做事情，代替孩子思考问题，使孩子以为世界上的一切事情都很容易。其实，家长应有意识地制造一点困难让孩子去克服，使孩子感到人生的道路并不是那么平坦，从而促使孩子虚心学习，取人之长，避己之短，不断进取。

骄傲的孩子常在自己的周围树起一道无形的“城墙”，形成与外界的隔膜，这使他们的心胸很狭窄。他们虽能取得一定的成绩，但往往没有远大的理想和志向，而只满足于眼前取得的成绩。骄傲自满对孩子的发展会产生消极的影响。

（1）让孩子认识到自己的不足

孩子产生骄傲往往源于某方面的特长和优势，家长应该先分析这种骄傲的基础：是成绩比较好，还是有某方面的艺术潜质。然后应让孩子认识到，他身上的这种优势只不过限定在一个很小的范围内。“人外有人，天外有天”。如果把他的优势放在一个更大的范围里，就会变得很普通。这时，他会努力弥补自己的不足。

让孩子有机会参加大孩子的活动，是改正缺点的好办法。当孩子与大孩子在一起时，大一些的孩子所表现出的智慧和才能使他们自愧不如，这种感觉对矫正孩子的骄傲心理会起到一定的作用。

（2）正确评论孩子

如果表扬不当或表扬过度，就会使孩子骄傲，进而看不起别人。如果没说他好，他就难以接受。能力比较强的孩子很容易完成一些事，当他们成功地做好某件事时，对其标准要高一些，表扬要慎重。适当地指出不足，会让孩子做得更好。

（3）让孩子分清骄傲和自信的区别

自信和骄傲在形式上有很大的相似性，常会让人迷惑。孩子们常会把自己那点小得意看做是自信的表现，这时家长应帮助孩子分辨清楚。自信是一种积极的人生态度，它使人乐观向上；而骄傲则是对自己不全面的认识，是盲目乐观。

此外，骄傲自满往往与不能很好地处理别人的意见和建议有关。正确面对批评和建议是终身的学问。要让孩子知道，有人批评他，并不是看不起他，而是希望他能够进步。家长可以这样跟孩子说："爸爸不批评你，你会跟爸爸和平相处；爸爸批评了你，会遭到你的怨恨。可爸爸却还是选择了批评你，原因就是我们都希望你进步。"

对于孩子来说，他在评论自己时常会出现偏差，原因是"不识庐山真面目，只缘身在此山中"。若能经常听取别人的意见，就能不断地充实和完善自己。

专/家/提/示：

骄傲自满的孩子往往比较优秀，从小就听过不少的赞誉，便认为自己确实聪明、能干、比别人强，所以他们过高地估计了自己，贬低了别人。对骄傲的孩子要进行受挫折训练，让他们尝试失败的教训。这样，孩子就会在心中谦虚起来。

唯我独尊是一种获得满足的方式

要过六一儿童节了，爸爸妈妈特地请了一天假，陪宝贝儿子小刚去游乐场玩。结果，小刚竟然为了抢一个气球，对一名小女孩大打出手。小刚的行为让爸爸妈妈尴尬不已，立即愤愤然带着他回家。爸爸苦恼地说："回想起孩子以前的点点滴滴，真觉着小刚很自私，只想自己，不顾别人。家里不管什么好吃的东西，首先得满足他。如果别人动了一点，他就哭闹、不依不饶。"

把别人的东西占为己有的孩子通常有贪心、拔尖的习惯。他会对妈妈说："再多给我一些冰激凌！"他会对玩伴说："这些都是我的，你们谁也不许动！"孩子命令式的语气常使父母忧虑，而父母对霸道孩子的反应，通常是既顺从又生气。

孩子"唯我独尊"的行为一般表现在以下几个方面：占有别人的玩具，或者不肯分享自己的玩具给别人，甚至会用抢夺的手段来得到自己要得到的东西，要别人做的事情别人一定要干。例如，要父母帮他搭积木，那么无论父母多忙，都必须陪他完成。执著于他要的东西或是想要做的事件中，也就是他要什么就要有什么，一旦不能达到目的，便要脾气、大哭大闹。

随着孩子的长大，他会渐渐认识到世界并不是仅仅围着他转的。他对大人的控制也会渐渐地减少，专横的态度也会减轻。即使这个孩子天生就有领导欲，但只要家长做得得体，引导有方，他的霸道也会慢慢地适可而止。但不管怎样，对孩子"唯我独尊"的行为，家长应该引起注意并有所控制，以利于他们的健康成长。

家长不要凡事都顺从孩子，这样只会助长孩子的霸道行为。孩子"唯我独尊"的原因主要是有的家长无条件地满足孩子的一切要求，孩子要什么就给什么，从来不对孩子提任何要求。这样孩子容易产生"我要的就是我能有的"的物权概念。这种错误的认识会反映到其他行为上，孩子就会认为"别人的东西如果我要，我也能得到"。在社会上，好多人不尊重他人、蔑视权威，孩子很容易受这种环境的影响。再加上家长可能会在孩子面前表现不妥，比如用命令的口气跟孩子说话等，都会使孩子变得唯我独尊、不讲理。比起父母来，慈爱的祖辈会更加纵容孩子的一切行为。比如孩子要买一样玩具，父母是不同意购买的，一到祖父母那里很爽快就给买了。久而久之，孩子会对事物对或不对的概念产生混淆。对于自己的行为，孩子也不会意识到这是错误的。

"唯我独尊"行为的产生是一个循序渐进的过程。因此，纠正孩子的这类行为，也需要采取循序渐进的做法。相关教育专家认为，当孩子出现“唯我独尊”的行为时，可以把孩子放在一个安静的无人区域中，但要在父母视线范围内，不理孩子任何的哭闹行为。在孩子情绪渐渐稳定后，与孩子尝试沟通，并且讲述不可以这样做的理由。这种方法对于遏制孩子霸道的行为，效果是不错的。

但这只是一种短期的隔绝手段，要想起到长期效应，从根本上改变“唯我独尊”的行为是要花一些工夫的。

如果孩子天生的气质是属于霸道型，又未加关注而任其发展，也许就此定型。所以，良好的后天环境对他极具重要性。霸道的孩子处在孤单的环境里，“唯我独尊”的行为往往显得更为强烈。因此，不妨多让孩子到户外活动，例如，幼儿园有良好的户外场所，让孩子奔跑、攀爬，以发泄情绪与精力，如此，孩子长大后，即使霸气仍存，也不至于不讲理。

“唯我独尊”的孩子认为：“唯我独尊”是一种获得满足的方式，这种方式没什么不好。因此他们只顾自己不会考虑到别人。家长不妨多带孩子参加属于孩子们的社交场合，例如，庆祝生日会。在与别的孩子共同分享、游戏中，他学习到“施”与“受”的关系，进而产生建立良好人际关系的欲望。

家长可借图书、音乐的熏陶，对孩子起到潜移默化的教育效果。还可以让孩子饲养小动物，孩子从喂食、抚摸小动物的行为中，能培养爱怜弱小之心，学会照顾别人、考虑到别人的存在，进而逐渐减少霸气。

从行为治疗的观点来看，如果孩子某方面的行为不好，家长则要设法引发他另一方面的良好行为。当孩子的良好行为出现时，鼓励他，称赞他，可以强化孩子的这种行为。所以，当霸道的孩子表现出礼让温和的行为时，要不失时机地给予他奖赏和鼓励。

总之，孩子有时候蛮横无理，要求很多，可能是希望家长多陪陪他们，是一种情感上的需求。父母应尽可能给予满足，这样孩子的无理和唯我独尊的行为也会少些。

专/家/提/示：

“唯我独尊”行为的产生是一个循序渐进的过程。因此，纠正孩子的这类行为，也需要采取循序渐进的做法。

孩子天真地认为说脏话代表一种力量

当第一个脏字从孩子口中蹦出时，不少父母会感到紧张，生怕孩子从此学坏。孩子说脏话并不可怕，教育学家认为，3～5岁是孩子说脏话的兴奋期，一般这种情况到上学的年龄会自行结束，它只是孩子成长过程中的小插曲。

孩子有时蹦出几句脏话，叫人哭笑不得，但这个时候，您千万别笑，更不要流露出惊奇的神色。因为这些反而会强化他的行为，也许他们说脏话正是为了引起你的注意。

说脏话象征着孩子已具备某种主宰能力。也就是说，当幼儿智力与情绪逐渐发展时，孩子虽还未能辨别某些话语并不是好话，但已能够明白使用它们能代表一种力量。

孩子不是生活在真空中，难免受到各种不良言行的影响，说粗话也是如此。孩子都有一种情不自禁的模仿本能，偶尔听见别人说一句脏话，他并不知道这句话的意思，就跟着学了。孩子是不会故意侮辱他人的，他可能根本就没搞清楚这句话的确切意思和恶劣程度，只是觉得新奇，说出来很好玩。有时候在小伙伴之间说出来，还会引起他们的羡慕，于是就经常挂在嘴边。

对偶尔说脏话的孩子，家长应以文明的语言把孩子所要表达的思想、感情重复说一遍，形成正确示范。如孩子经常津津乐道地重复一些脏话，家长应严肃地告诉孩子，这句话不文明、不好听，爸爸妈妈和所有的人都不喜欢听，并和孩子一起分析孩子喜欢的、尊敬的成人以及小英雄们是怎样说话的。利用榜样的力量，可使孩子产生说脏话不好的感觉。

在生活中，大人有时也会语出不雅，但都习以为常，不会觉得有什么异常。而脏话从孩子嘴里说出来，就特别刺耳，要是他们在大庭广众冒出些脏话，父母更是想找个地缝钻下去。这就有些不公平，孩子也会在心里琢磨："为什么大人就可以说脏话?"所以，要有效制止孩子说脏话，必须在纠正前，先让他们知道，无论谁说脏话都是不对的，并在家里建立互相监督的制度。如果家长不小心在孩子面前说了不文明的词句，要向孩子承认错误，以加深孩子不能说脏话的印象。

三岁以上的孩子，就可以跟他讲道理了。只要能耐心地向孩子说明，他就会信服你。运用解释与说明，是为孩子传达正面、澄清负面社会价值的好方法；并将适当的说法和伤害性的用语并陈，和孩子一起思索。在讨论过程中，尽量让孩子理解，这些粗俗不雅的语言，为何不被大家接受？它们传达着什么样侮辱的意味？也让孩子体会，听者接收到这样的信息时，是如何的感受不被尊重？

在此基础上，教育孩子表达气愤、激动情绪和处理矛盾的文明用语和方法。和他人发生争执时可以说："你住口!""请你走开!""你不讲道理，我很不高兴。"或自己先走开等。

孩子一般从三岁开始，就会表现出对语言的强烈兴趣，甚至会兴致勃勃地向外界学习各种词语、语调和习惯用语。而且这一年龄段的孩子因为具有很强的好奇心，所以他们学习和吸收语言的能力也非常强。但我们发现，孩子有时候会特别对一些脏话感兴趣，这是为什么呢?

心理学家认为，出现这一特点是孩子语言发展上的阶段性特征。此外，还因为孩子对于主宰能力、影响能力不自觉地追求。也就是说，这一阶段孩子的智力水平还不能够判断一些话是好话还是坏话，当然也搞不清楚这类话是对别人的侮辱。但是，他们却可以从这类脏话中感受到一种力量。因为只要一说这样的话，自己就会得到爸爸妈妈或其他人的关注，从而可以满足自己心理上被别人注意的需求。

此外，父母还要留意自己的言行并限制不适合孩子的影视节目，以免他们学到暴力、色情的俚语；引导孩子学习分辨什么话在什么场合无伤大雅，在什么场合不恰当。正如其他负面行为一样，父母越直接关注，孩子就越来劲，所以必要时父母还要故作镇定，切莫被孩子的脏话激怒。相信不久，孩子的不雅语言就销声匿迹，您也会耳根清净的。

专/家/提/示：

说脏话象征着孩子已具备某种主宰能力。也就是说，当幼儿智力与情绪逐渐发展时，孩子虽还未能辨别某些话语并不是好话，但已经能够明白使用它们能代表一种力量。

叛逆是孩子自我意识不断增强的表现

天天今年 11 岁了，青春期性格的改变让父母一时无法接受。父母让他干什么，他偏不干什么；不让他干的，他偏要做。比如，父母让他做作业，他偏偏要玩游戏；父母要他把自己的房间收拾一下，他却要做作业；等到吃饭时，父母叫他吃饭，他却去收拾房间等。这不是说他很忙，而是故意与父母消极对抗。

然而就这样，父母还不能说他，稍有让他不如意的地方，就会暴跳如雷，有时甚至会摔东西。有时父母急了就会发火，可他却把脖子一拧：“我的事不用你们管！”

天天的父母对他没有一点办法，因为现在和他沟通起来很困难，他根本不听父母的话。叛逆是孩子自我意识不断增强的表现。

青春期是每个人从童年过渡到成年的必经之路。在这个时期不论是生理、心理、体貌还是性格上都会有很大的变化，这样也引发了不少问题。相信很多父母都遇到过这种情况：本来很乖巧的孩子，到了青春期脾气就越来越不好，你让他往东，他偏往西，处处跟父母作对。孩子老跟大人拧着劲儿，可真够愁人的。

步入青春期的孩子，精力充沛，思维敏捷，记忆力强，情感丰富。但由于青少年时期是身心健康趋于定型的时期，是走向成年的过渡阶段，亦是性意识萌发和发展的时期，他们的心理发展和生理发育往往不同步，具有半成熟、半幼稚、叛逆等特点。因而，在他们心理素质发展的关键阶段，父母应当引起重视，对有不良行为的孩子既不能生硬批评，引发他们的叛逆情绪，也不能任其发展，让他们误入歧途。

孩子初步觉醒的自我意识支配强烈的表现欲，即处处体现自己，通过展示自己和别人的不一样来体现自己的价值。这个时期的孩子爱打扮得与别人不一样，爱做一些引人注目、与众不同的事，爱说一些令人吃惊的话，让人另眼相看，这都是他们想要的效果。

在这个时期，如果孩子与父母之间缺乏足够的交流，孩子的叛逆情绪就会表现得尤为强烈。随着孩子的成长、知识的增加，他们懂得了不少的道理，独立性也逐渐增强。如果这时父母还把孩子看作什么也不懂，什么事都要管，孩子就不愿意按父母的指示去办事，而是按自己的意愿行动。有时孩子不听话的时候，父母往往会认为自己是一家之主，容不得孩子有一点不同意见，孩子则觉得父母不应过多干涉，自己有自由行动的权力，而双方又缺乏足够的交流，于是孩子就会表现出对父母的反抗。

此外，孩子在外面或者家庭中受到了挫折，也会产生不良的心理反应。这时孩子往往会听不进别人的批评或劝导，看不清挫折的实质，一意孤行地坚持自己的做法，固执己见，即使知道错了也不愿意改正。这在家长看来就是孩子的叛逆行为。

总之，对孩子来说，叛逆是一种极端的逆反心理。它产生于不良的适应能力，如经受不了批评、挫折或压力。从本能地任性胡来、我行我素，到不辨是非、不识好歹。但一般而言，如果父母能合理指导，孩子就能平稳的度过这一特殊的阶段。

孩子的叛逆行为让家长真是伤透了脑筋。对于这种行为家长不能放任不管，但也不可控制过严。正确的引导，将会使他们一生受益；如果处理不好，将会影响孩子的心理发育和行为成长。

该如何正确对待处于叛逆中的孩子呢？

情感交流是人类的本能需求，即使在青春期，孩子也有与父母沟通的强烈愿望。所以家长要注意与孩子的沟通交流。家长不要因为工作忙、应酬多就忽视孩子对沟通的需求。家长要勤于与孩子交流，引导他们从积极的意义上去理解父母的唠叨、老师的批评。心平气和地告诉他们这些教诲都是善意的，是为了帮助他们健康成长。当孩子向你诉说时，你要集中注意力听，不要心不在焉或不理睬。如果你有很紧急的事，不妨和孩子讲明情况，以求孩子的理解。平时多陪孩子参加他们感兴趣的活动，如看足球赛等，鼓励其多参加课外活动，在活动中展现自我。当和孩子有不同意见时，一定要耐心听听孩子的想法，充分了解后再向孩子讲明你的意见和道理。不要一味说教而不顾孩子的感受。要尊重孩子，凡事要与孩子商量，要让孩子感受到他的存在。

家长要常鼓励孩子，用优点来包围孩子的弱点。帮助孩子去做他们想干的事，千万不要挫伤他们的自尊心，不要求全责备。如果家长总认为孩子跟自己对着干是错误，是缺点，倒不如说这是孩子的弱点。弱点需要家长帮助改进，而不应去削弱。

家长不妨在孩子跟自己协调一致的时候表扬孩子的合作，让孩子感受到自己的成长，也感受到自己在家庭中的责任。当孩子跟自己出现对峙情况的时候，家长不妨多夸他从前或这两天好的做法，多说几条，然后说，“要是你今天这么做就更好了”。这样，孩子的逆反行为就会有所收敛。家长在孩子叛逆的时候要关注，不要不理孩子，更不要冷落孩子的这种行为。如果孩子的行为确实是不对的，那么，家长就不能因为孩子的执拗而任由他胡闹。否则，孩子下回还会这样做。

作为家长，当孩子出现叛逆行为时，要反省一下自己的做法：自己是否领导欲、控制欲太强了些；对孩子的占有欲望是否过分了些；自己对孩子的管教是不是出现了偏差。有的家长对孩子过度关照，管理过度严格。

总之，面对孩子的叛逆行为，家长要保持冷静、理智的处事态度，不可简单粗暴地惩罚孩子。父母是孩子最好的老师，所以家长在管好孩子的同时也要注意自身的修养，为孩子树立一个好的榜样。家长和孩子之间要有亲切感，家长要常和孩子交流沟通。相信我们的孩子都是好孩子，也要相信没有管不好的孩子。相信通过家长和孩子的共同努力，孩子的叛逆行为终会解决的。

专/家/提/示:

孩子到了青春期，除了身体方面的变化外，思维方式也由儿时的形象思维转变为抽象思维。这使得孩子的自我意识逐渐加强，处处要体现“自我”的存在。于是，和父母对着干，成了他们体现自我的一种方式。

阻止淘气孩子的逃学行为

明明正在上小学六年级，近期学习成绩急剧下滑。爸爸妈妈很是着急，却不知其原因。直到有一天，老师一个电话到家里，才知道儿子最近总是逃学。明明每天早上按时背着书包上学，按时回家，谁能想到他会逃学呢？爸爸妈妈真是又着急又恼火，对儿子进行教育，打也打了，骂也骂了，可明明就是不肯说是怎么回事，逮着机会依旧逃学，在校外游荡闲逛！爸爸妈妈真是头疼啊，可是到底该怎么办才能阻止儿子逃学呢？

在日常生活中，我们会常常遇到孩子逃学一事。对于孩子的逃学，有的家长无计可施，究竟是什么原因导致孩子经常逃学呢？如果不找出孩子逃学的根本原因，而仅仅是盯着孩子去上学，甚至用“监管”的方法来阻止孩子逃学。那么，也许孩子暂时会乖乖地待在学校，可根本问题却无法得到解决。

其实，孩子逃学是由许多原因造成的，家长可以认真分析一下孩子逃学的原因，然后对症施药。孩子逃学的原因一般有以下几种。

一是家长、学校给予的压力太大。某些学校片面地追求升学率，不断地分快、慢班，考试排名次，经常搞题海战术，甚至超出了教学大纲的范围。有的家长“望子成龙”、“望女成凤”，他们对孩子要求更高、更严厉。在这种情况下家长又使家庭成了孩子的第二课堂，给孩子造成了沉重的心理负担和精神压力，孩子不堪重负，从此害怕学习，进而产生厌学情绪，开始逃学。

二是学校生活使孩子感到恐惧。可能是老师的一些做法使孩子对学校生活产生恐惧心理，也有的学生在学校经常受大同学的欺负、打骂，回家后又不敢告诉父母，只好用逃学来躲避某些同学的攻击。此外，还有一些同学受不良分子的勾引和教唆，走上逃学之路。

三是追求高分数使孩子产生逆反心理。有的家长规定孩子必须考100分，考了99分就是不对，就是没好好学习。久而久之，高分数成为孩子心灵的阴影，孩子的学习兴趣随之而丢失，使孩子产生逆反心理，不愿学习，慢慢开始厌学、逃学。

孩子有时在学校担心会受到别人的嘲笑，如个人生理缺陷、成绩差、服饰不好、语言能力差等使孩子感到上学很不开心，就会出现逃学的现象。孩子沉溺于别的活动，例如打扑克、下象棋等与学习无关的活动。而家长不许孩子随便到外面玩，孩子没有机会进行娱乐活动，就采用逃学的途径来满足自己的需要。

孩子逃学是由很多原因造成的，家长要认真地分析找出自己孩子逃学的根本原因所在，真正地解决孩子的逃学问题。家长不能简单、粗暴地对待孩子逃学的问题。发现孩子在逃学，切不可简单地作决定，要冷静地处理，认真查找原因。可以和孩子谈心交流，听听孩子的想法，找出孩子逃学的真正原因和动机。不管是什么原因引起的，决不能埋怨、冷落、责备，更不能打骂惩罚孩子。只有耐心地教育，对症下药，才能取得较好的效果。

家长要主动给孩子“减压”，给予孩子实际的期望。有些家长给孩子制订过高的目标，期望孩子将来做科学家、文学家等，却在无形中给孩子施加了过大的压力，使孩子无法承受。事实上，给予孩子一些发展自身爱好的空间，让孩子不再感到学习是一种痛苦，往往能取得更好的效果。

家长要常和老师联系，争取老师和同学的帮助。任何一个老师都不愿看到自己的学生逃学，且任何一个老师都知道自己的学生在学校都做了些什么。家长可以和老师进行沟通，让老师与其他同学交谈，大家共同找原因，共同想办法，让逃学的孩子回到集体温暖的怀抱。

父母通过对逃学孩子的了解和观察，往往可以知道孩子逃学后去干了些什么事情。如果孩子逃学只是因为贪玩，或者为了兴趣爱好，如去钓鱼、游泳、踢球等，父母就应该给孩子安排一定的娱乐时间。不要总对孩子限制得太多，连正常的娱乐活动都没有。孩子正常的兴趣只要得到一定的满足，就不会通过逃学的方式来进行了。

此外，家长还要注意培养孩子的自信心，万万不可让孩子有自卑感。有的孩子是担心自己会被同学嘲笑而不敢去上学，这种情况下，就要耐心地和孩子谈心、讲道理，也可找老师、同学一起来帮忙。

专/家/提/示:

解决孩子逃学问题，家长要花费相当多的时间和精力，切不可盲目从事，要耐心地来引导。不仅仅要从行为上阻止孩子逃学，更要让孩子在学校乐学。

爱哭的孩子是对某一事物表示不满

3 岁的晶晶已经上幼儿园了，可就是爱哭。在幼儿园，老师或其他小朋友稍微对她有点冷落，她就会坐在一旁哭起来；在家里，爸爸妈妈更是连说都不敢说，否则小嘴一撇，眼泪就开始落下来了。

一天晚上，天已经很晚了，不知怎么，晶晶突然想去吃麦当劳。爸爸告诉她，天太晚了，明天再去吧。刚说完，晶晶的眼泪就掉下来，坐在一旁哭了。爸爸觉得这孩子真是越来越不像话了，动不动就哭，任谁说什么都不成，这哪行？难道有一天她要月亮也得给她吗？

爸爸决定不理会她，让她一次哭个够好了，于是继续做自己的事。晶晶哭了一会儿，见自己的要求没有达到，很是不解，以前只要自己一哭，爸爸妈妈什么都肯答应，这次是怎么了。于是就放大哭声，可爸爸妈妈依然没理她。晶晶哭了一会儿，见大家都各忙各的，自己也就平静下来了，也不嚷着要去吃麦当劳了，乖乖地进自己的房间睡觉去了。

第二天，晶晶平静下来后，爸爸便对晶晶说：“晶晶，你已经是大孩子了，不能动不动就哭鼻子。爸爸不答应你，是因为天已经太晚了，你应该懂事才对呀！现在爸爸就带你去麦当劳，如果你以后还动不动就哭，爸爸就什么都不会答应你”。晶晶听话地点点头。

以后，晶晶再遇到一点事就大哭的时候，爸爸妈妈便采取同样的态度，或者对她说一句“没关系”或“这事不行”，然后就专心地做自己的事，不像以前那样宠她了。等到晶晶不哭的时候，再跟她讲道理。后来，晶晶爱哭的毛病也就慢慢改过来了。

我们知道，哭是不愉快的情绪表现。这种表现在婴儿期就会出现，孩子为了表示他们身体不舒服，或者表达他们的要求，常常用哭声来引起父母的注意。而随着孩子的成长，哭便逐渐有了另外一种含义，哭不仅是幼儿应付困难的办法，也成了他们对付家长的一种有效手段，这种方法在家里常常会奏效。所以，孩子常常会把这一方法拿到幼儿园里来。

一般情况下，孩子只要对某件事感到不满，就会用哭来做武器要挟父母。父母一见到孩子的眼泪，马上就会妥协，答应孩子的要求，满足孩子的愿望。这样孩子就尝到了甜头，以后一旦不能达到目的，就会用哭来对付父母。当然，我们也不否认孩子哭是真的有需要，或者出现身体不舒服等现象。但是，每当孩子哭时，父母首先应弄清楚孩子为什么哭，了解原因后再采取措施，使其停止哭泣。有一点父母要明确，就是不能孩子一哭就妥协。如果你一开始就大呼小叫地对孩子表示“同情”，孩子会以为自己真的遇到什么严重的事。所以，作为家长不要一哭就“让”，那只能加重孩子爱哭的习惯。

遇到爱哭的孩子，父母要有意地引导他，让他学会忍耐，然后自己想办法解决困难。你可以有意识地给孩子提供一些有难度的任务，让他自己独立去完成。经过对他能力的培养和自信心的培养，孩子在“难题”面前就有了办法，自然也就不会哭了。

父母要时常引导孩子把事情说出来，告诉孩子只有说话，爸爸妈妈才明白他需要什么，甚至可以告诉他如果只哭不说话，爸爸妈妈是不会理睬的。当然，最好是父母多和孩子说话，弄清楚孩子有什么要求，培养孩子开朗的性格，使孩子渐渐学会用语言来表达自己的要求与愿望。如果孩子明白道理后，有时还会出现爱哭的现象，最好用鼓励的话告诉他：“你已经长大了”，“不应该哭鼻子了”。

在教育孩子的过程中，可以利用孩子喜欢听故事、看漫画书或看电视、电影等特点，经常对孩子进行教育，帮助孩子树立正面形象，引导孩子学习他们心目中的主人公，培养孩子坚强、勇敢、克服困难的决心，让孩子学会如何控制好自己的情绪。

专/家/提/示：

遇到爱哭的孩子，父母要有意地引导他，让他学会忍耐，然后自己想办法解决困难。

“人来疯”的孩子有表现自己才能的愿望

家里来客人，妈妈忙着倒茶，爸爸为客人让座……大人们都开始进入自己的角色，高谈阔论。而这一切也代替了平时对小帆的关注和呵护。不一会儿，6 岁的小帆就开始不安分起来，大声尖叫，穿着鞋子在沙发、床上乱蹦乱跳。爸爸妈妈上前制止，小帆反倒越发得意起来，甚至把开水洒到了客人身上，气氛十分尴尬……

客人走后，爸爸狠狠地批评了小帆，怪小帆不懂事，让爸爸妈妈很没面子。可是不久，家里来了亲戚，小帆依旧是老样子，在爸爸妈妈和亲戚面前大喊大叫。可是，妈妈这次并没有像以前一样责骂他，而是转过来对小帆说：“小帆，别闹了，小姨想听你唱支歌，把你在学校里学的新歌唱给我们听听好吗？”

小帆一见大家开始注意他了，马上活蹦乱跳地在众人面前唱起歌来，而且唱得非常认真。唱完后，爸爸妈妈和小姨都表扬了他，然后妈妈说：“小帆，我们大家都非常不喜欢你大吵大闹的样子，我们都很喜欢听你唱歌，你的歌唱得这么好，如果还大喊大叫，以后嗓子就会喊坏的，那还怎么唱歌呀？希望你以后不要在客人面前喊叫好不好？”小帆使劲地点了点头。

以后，家里再来客人，爸爸妈妈也会找一些机会让小帆表现一下他的才艺，然后适时地给他一些赞美和鼓励。不久，小帆“人来疯”的行为慢慢地改变了许多。

有不少孩子都像小帆一样，平时在家里很听话，但每当客人来访，就非常淘气。如果父母一味顺着他，孩子更会变本加厉；而若是父母进行劝阻，孩子便会大闹一通，令大人束手无策，难以收场。

孩子“人来疯”现象大都出现在3至6岁，这个年龄段的孩子多爱表现，而且由于孩子的大脑皮层发育尚不完善，稍加刺激就会兴奋起来，孩子又缺乏自我控制能力。尤其是有的家庭不常来客人，偶尔有客人来，对孩子的刺激就更强烈。另外，孩子都有以自我为中心的意识，家里来客人后，父母就会只顾照顾客人而冷落了孩子，这时孩子就会故意做些一反常态的举动来引起父母和客人的注意。

而从客观上看，孩子的行为习惯较差，还不懂得如何对待客人，而且觉得有客人在，父母就不好意思批评自己。

其实，孩子希望得到大人的关注是可以理解的，如果父母能创造机会，让孩子正当表现自己，而父母和其他人又能给予认真关注，并做出肯定性评价，就可以把孩子的表现欲引上正道。

如果孩子经常用“人来疯”来引起大人关注，你可以不予理睬，只管关注别的事情。比如，大家照样神情专注地谈原来的话题，看也不看孩子的“表演”。或者大家一起看电视，谈论电视里的内容……这样孩子自己就会觉得很没趣，自然也就不再闹了。

虽然孩子“人来疯”的行为很不招人喜欢，但它也积极的一面，就是能充分调动孩子表现自己才能的积极性，不管父母要求他做什么，孩子出于一种展示自己的天性，都会做得比平时好。所以你可以根据孩子的这一需求，让孩子在客人面前展现他的“才华”。比如给大家唱支歌，或讲一个小故事、跳个舞等，然后充分肯定孩子的优点，也提出希望。这样，孩子会非常满足，以后也愿意做得更好。

客人来后，你可以先向客人介绍一下孩子的情况，并稍加夸奖，如“我家孩子非常懂事，就喜欢自己玩”等。当孩子仍按捺不住自己的兴奋时，你可以继续暗示：“阿姨最喜欢不吵闹的孩子，快去自己玩吧!”与此同时，可以用较严厉的目光或稍用力地拍孩子的肩膀，来暗示自己的不悦。

家里来客人时，你还可以给孩子找点消耗时间的事做，如让孩子捏橡皮泥、画画等。完成后，可以让孩子拿给客人看，这样大人不但能腾出时间和客人交谈，也锻炼了孩子的各种能力和自律性。

大多数的孩子都喜欢表现自己，所以家里来客人时，你可以让孩子做一次“小主人”，比如让孩子给客人端茶或让孩子做自我介绍。当客人离开后，你可以和孩子谈谈他刚才的表现，好的应及时给予奖励。

专/家/提/示:

虽然孩子“人来疯”的行为很不招人喜欢，但它也有积极的一面。那就是能充分调动孩子表现自己才能的积极性。不管父母要求他做什么，孩子出于一种展示自己的天性，都会做得比平时好。

爱摘花的孩子具有好奇的天性

5 岁的妮妮特别喜欢花，常常把干花放在书本里，这本来并不是什么坏毛病。麻烦就出在她太喜欢花了，几乎到了见花就摘的地步，结果经常会给爸爸妈妈惹麻烦。

每次带妮妮去公园玩，爸爸妈妈都得时刻注意妮妮的一举一动，如果妮妮要摘公园的花，便迅速把她给拉住。每当这个时候，妮妮都会哭闹，爸爸妈妈只好苦口婆心地跟她讲道理，并许诺给她买更漂亮的花，这才会把她劝住。一旦爸爸妈妈不注意，妮妮就会做一次“采花”女，这个时候，爸爸妈妈就只能陪着笑脸向公园的管理人员交罚款，承担妮妮胡乱摘花的恶劣后果。即使没有被人抓住，爸爸妈妈也备受内心的谴责。

前不久，妮妮又闯祸了，她将幼儿园用于展览参观的花给破坏得不成样子。老师气愤地批评了妮妮，并把妮妮送回家，当着她爸爸妈妈的面又批评了她。这次父母决定让妮妮自己承担后果。

“妮妮，这么漂亮的花被你给破坏了，你得赔偿。这一次，你得自己跟老师道歉，妈妈帮不了你。”妈妈说。

见爸爸妈妈也不帮自己了，吓得哭了起来。爸爸妈妈耐心地跟她讲解破坏公共财物的危害性，把没有被破坏的花移栽到同一个花盆里，并且做家务“赚钱”来赔偿被摘的花。

在父母的帮助下，妮妮一棵棵将花弄好，做了好几天的家务。除此之外，妮妮还向老师认了错。以后，妮妮如果再乱摘花，父母就让她自己承担后果。

后来，妮妮因为害怕被罚，也害怕要自己赔偿，加上在劳动的过程中妮妮慢慢明白了种花的辛苦，乱摘花的行为明显减少了。

爱美是人的天性，孩子更是如此，尤其是女孩。在幼儿的头脑里没有“公共财物”的概念，所以孩子常常为了自己的兴趣，到处摘花拔草，这其实是他们好奇的天性。

但是对于孩子的这种损坏公共财物的行为，父母必须加以制止和纠正，以免让孩子养成不遵守公共规则、不讲文明礼貌的坏习惯。

孩子屡次任意破坏公共财物，也和父母的行为以及某些不良的社会风气有关。如果父母常常随地吐痰，把损坏公共财物不当一回事，那么，他当然也不会认识到乱摘花是错误的。

孩子的占有欲十分强烈，看到美好的东西，他们都希望自己能拥有。对于孩子的这种心理，父母应该给予理解和支持，同时还要告诉孩子，为什么不属于自己的东西不能随便索取。

在教育孩子时，向孩子解释“公共财物”这个概念。告诉孩子教室里的桌子、椅子是大家共同拥有的，因此不可以随便破坏。花园里的花也是大家共同拥有的，如果你摘了别人就看不到了，所以不能摘。这样经常性地教育孩子，会帮助孩子慢慢改掉坏习惯。

父母可以经常带爱花的孩子去野外摘摘花，满足孩子爱花的天性。还可以在家里养几盆花，把浇水、照看的任务交给孩子，让他（她）

明白养花的辛苦和乐趣，明白生长着的花更美更具生命力。因此，爱花不一定要把它摘下来，在种花中教会孩子珍惜植物，让孩子明白真正爱花的人不乱摘花。

如果孩子屡次乱摘花，就让他自己承担后果。有句俗话说：“外人一句，顶父母十句”。让孩子自己接受批评和惩罚，会对孩子有警示作用。

专/家/提/示:

孩子的占有欲十分强烈，看到美好的东西，他们都希望自己能拥有。对于孩子的这种心理，父母应该给予理解和支持，同时还要告诉孩子，为什么不属于自己的东西不能随便索取。

炫耀自己的孩子想得到周围人肯定

7岁的沙沙特别喜欢“炫耀”，她总是把自己讲故事得到的铅笔拿到父母、爷爷奶奶面前炫耀，实际上她的得分并不高，只得到了纪念品。她还经常把家里的影集、杯子、书之类的东西带到学校给同学们看。有一天早上，非要把补钙的药也带上，妈妈怎么也阻止不了。

如果家里来了客人，沙沙更是让妈妈烦恼。她一会儿拿出她的铃铛在客人面前晃，一会儿抱着她的布娃娃在客厅到处跑，一会儿让客人看看她的新书包，一会儿又炫耀她的新衣服。有一次，她还狠狠地蹬了客人一脚，后来妈妈才知道，这是因为客人没有注意到她的漂亮皮鞋。

为此，妈妈很发愁，家里出了这么个“爱显摆”的女儿，怎么得了。有一次家里来了客人，沙沙让叔叔看妈妈给自己新买的小闹钟。妈妈实在是忍不住了，就制止了她：“沙沙，叔叔家里这样的表可多了，你就不要再烦叔叔了。”沙沙很失落地走开了。但是没过一会儿，她又抱出一堆玩具给客人看，真让妈妈拿她没办法。

妈妈决定这次不再妥协了，于是跟沙沙商量说："你每天最多只能拿出三样东西给妈妈看，如果超过了三样，妈妈就不看了，好不好?"同样，妈妈还要求沙沙每次去学校，最多也只能带三样东西。具体带什么由沙沙自己决定。

沙沙起初很高兴，后来就开始犯难了，到底给妈妈看什么呢？到底带什么去学校呢？每天她都不停地比较，一会儿觉得这个不够好，一会儿觉得那个不够新鲜。慢慢地她炫耀的机会明显地少了。于是，妈妈再次降低次数，规定她每天只能"炫耀"一次，沙沙开始把这个"唯一"的机会看得无比神圣。如果今天没有比昨天更好的东西，连这仅有的"一次"机会她也会主动放弃掉。又过了一段时间，沙沙爱炫耀的毛病终于改掉了。

对于孩子爱"炫耀"的毛病，父母不必过于紧张，更不能认为他们是在"显摆"。其实这个时期的孩子正处于急需得到周围人肯定的年龄。他们这么做，大都只是为了吸引父母或他人的注意，或者是想得到父母或别人的肯定和表扬。因为他们很在乎父母和他人对自己的评价，这样才能帮助他们建立起自尊心。因此，爸爸妈妈要尊重孩子的行为，帮孩子建立对自己的良性评价，培养孩子的自尊心。

还有些孩子喜欢炫耀，是因为他们对自己不够自信，怕自己被别人冷落、遗忘。比如来客人时，如果孩子被大家忽略了，他可能就会以这种"炫耀"东西的方式来引起他人的关注。这可能跟父母很少表扬孩子有关。

过分的"炫耀"，父母一定要进行引导和制止，以免导致孩子的虚荣心不断膨胀，养成过于自负、自欺欺人的性格。

对于孩子适当的"炫耀"，父母应该给予肯定的评价。比如孩子一再向你"炫耀"他刚刚画的一幅画，你要这样说："爸爸妈妈已经看到了，画得很好。"如果孩子在客人面前炫耀，你也可以这样对孩子说："叔叔已经看到了，他夸你的新衣服很漂亮呢！"这个时候相信客人也会领悟，也会附和父母夸奖孩子几句。这样，孩子的虚荣心得到了满足，就不会不停地炫耀了。

规定孩子每天只能给父母或他人看几样东西，一方面满足了孩子的要求，容易让孩子接受；另一方面，次数的限定也会帮助孩子对用于“炫耀”的事件或物品进行选择和判断，会帮助孩子明白哪些事情、哪些东西不必要拿来“炫耀”，从而可以避免孩子向过分虚荣的方向发展。

在教育孩子时，家长不要盲目地指责孩子或者敷衍孩子。孩子渴望得到肯定的心理没有得到满足，会认为父母或他人不做评价是由于自己或自己的东西不够好，从而感觉失落、自卑。所以，爸爸妈妈应该给予孩子足够的重视，耐心地跟他分析，最好正反两面都分析一下。这样既避免让孩子过分得意，又让孩子容易接受。

专/家/提/示：

对于孩子爱“炫耀”的毛病，父母不必过于紧张。其实这个时期的孩子正处于急需得到周围人肯定的年龄。他们这么做，大都只是为了吸引父母或他人的注意，或者是想得到父母或别人的肯定和表扬。

爱咬人的孩子是为了发泄自己的愤怒情绪

3 岁 10 个月大的强强以咬人而出名，他不止一次地咬无心嘲弄他的邻居家哥哥。强强的妈妈想用威胁来制止强强：“强强，你要是继续咬人，我就打你。”实际上，妈妈从来没有打算这么做。

一天，邻居家 5 岁的小女孩来强强家玩。两个孩子开始还玩得很高兴，可不一会儿，强强就因为小女孩没有经过他的同意拿了他的玩具而故伎重演，把邻居的小女孩咬得大哭。好在妈妈听见争吵赶紧跑过来，把强强拉到一边才了事。

后来，妈妈想，要找一个好办法制止强强的这种咬人行为。几天后，强强在和院里的小朋友玩时，又咬了人家。这次，妈妈严厉斥责了强强："强强，妈妈已经说过很多次了，不能咬人，为什么不听呢？我实在没办法了，现在罚站！你必须给妈妈反省一下自己的行为，否则你前天要的玩具火车就不买了。"

开始强强还不以为然，尽管强强在玩具店又哭又闹地求妈妈，结果妈妈这次是真的没有给强强买玩具。

从那以后，强强的妈妈开始坚持自己的教育方法。如果强强表现好，妈妈就会及时表扬他，偶尔还给予他一些小小的奖励。强强逐渐也懂得了与别人友好相处会带来良好的结果。

有时候孩子无法通过语言发泄自己的愤怒情绪，就会产生咬人的冲动。但是当孩子咬人的时候，父母应当立即让孩子明白咬人是不可以接受的行为，这一点是非常重要的。父母可以对孩子说："我不允许你咬任何人"、"我知道你真的很生气，但是不能因此就咬人"、"你必须找到其他方法让我了解你的不满"，或者简单地说："我不能让你咬人"。

制止孩子的冲动行为首先是要向他解释打、咬、扔东西和嘲笑别人是不能接受的，然后演示给他看礼貌待人的行为，同时要解释为什么这些行为是可以接受的，引导孩子向良好行为方面发展。

此外，多留意孩子与伙伴之间的关系，防止孩子养成好斗行为。要帮助孩子明白咬人和打人都是令人不高兴的好斗行为，解释咬人和打人会带来不好的后果。

当孩子因为不想和同伴玩耍而咬人时，父母可以告诉孩子当他感到烦躁时除了咬人还可以做什么。比如，告诉他可以寻找帮助或者说："我不玩了。"也可以直接离开玩耍的伙伴们。要求他将这些话多练习几遍直到他熟记并懂得如何使用为止。

家长要抽时间多带孩子出去走走，到户外跑跑跳跳，或玩一些耗体力的游戏。这有助于他消耗过剩的精力，降低心理的紧张。

专/家/提/示：

制止孩子的冲动行为首先是要向他解释打、咬、扔东西和嘲笑别人是不能接受的，然后演示给他看礼貌待人的行为，同时要解释为什么这些行为是可以接受的，引导孩子向良好行为方面发展。

有捣乱行为的孩子容易被新鲜事物吸引

“妈妈，我的机器猫哪里去了?”

“妈妈，妈妈，我想吃冰激凌。”

“妈妈，妈妈，妈妈，我现在想听故事。”

这时候，妈妈不得不一边应答电话，一边说：“等会儿，妈妈马上就好。”有时候，闹得妈妈不得不挂掉电话。

6 岁的格格经常这样给妈妈捣乱，尤其在妈妈打电话时，她总是吵闹个不停。妈妈觉得格格的这种行为很不好，就想给她改改。

有一天，妈妈在接电话时，格格又跑来捣乱了。这时妈妈突然想起格格最喜欢往箱子里边装东西，于是放下电话，给格格找来一个大箱子，让她把所有的玩具都装进去，并给她计算时间。格格马上兴高采烈地往箱子里装玩具了，妈妈则继续去接电话。

在妈妈接电话的 10 分钟里，格格都在往箱子里装玩具，没有再来给妈妈捣乱。以后妈妈每次打电话时，都会先找些格格最喜欢的游戏，把她的注意力转移。渐渐地，格格自己也发现了很多有趣的游戏，在妈妈打电话或做自己的事情时，捣乱的次数也慢慢减少了。

随着年龄的增长，孩子的自我意识开始逐渐增强，所以就会出现各种调皮淘气的行为。父母对于孩子的这些表现常常感到很是头疼，觉得孩子不像以前那么乖巧了，不听话了。

孩子捣乱的行为大多发生在3～6岁的幼儿时期，这种行为的出现不外乎有两个原因：一是孩子独立意识的体现，而且他们有强烈的好奇心，容易被新鲜事物所吸引，所以越是不让做的事情，孩子越想做；二是孩子故意搞恶作剧，希望引起爸爸妈妈的注意。面对孩子的这种行为，父母不要只是单纯地明令禁止，一方面要给孩子一定的空间，尊重孩子的愿望，同时还要耐心地给孩子讲明原因，说明道理，以便和孩子达到最好的沟通。

不要期待孩子会永远保持安静，就像不要期待天空会永远晴朗无云一样。孩子就是孩子，吵吵闹闹的孩子才有活力，所以在你动气前，不妨先提醒自己：他只是个孩子而已。

在每次打电话前，先问问孩子："你想坐下来画画吗?""想给布娃娃穿衣服吗?"如果孩子表示愿意，再告诉他你需要15分钟的时间打个电话，在这段时间里你希望他做自己喜欢的事。这样的做法可以表达对孩子的关注和尊重，也帮他安排了有趣的事做，孩子会心满意足地安静下来。

当你在打电话时被孩子打断，不要不理睬他，指望他自己住嘴，这只会使孩子捣乱得更厉害。有效的方式是立刻回应他，告诉孩子说："等妈妈打完电话就会帮你……"或者说："我想听你说，不过要等我打完电话以后才行。"

此外，家长在打电话前可以先给孩子戴上一顶"高帽子"，他会很乐意配合你的要求。不要用"我打电话时不要捣乱"或"别来纠缠我"这样的话告诫孩子，而应该说："等会儿我和姥姥打电话时，你坐在一旁自己乖乖地玩，外婆一定会夸奖你是一个听话的好孩子。作为家长，如果这样教育孩子，一定会起到意想不到的良好效果。

专/家/提/示:

孩子故意搞恶作剧，希望引起爸爸妈妈的注意。面对孩子的这种行为，父母不要只是单纯地明令禁止，要给孩子一定的空间，尊重孩子的

愿望，同时还要耐心地给孩子讲明原因，说明道理。

乱涂乱画的孩子有一种自豪感

小明的爸爸妈妈开完会回到家，保姆对他们说，小明用蜡笔在瓷砖地板上乱画。“小明，你什么时候才准备停止这种破坏活动?”小明的爸爸愤怒地说道，将他送回他的房间。过了一会儿，他们发现小明在房间里将三本小人书都撕了。

小明的爸爸妈妈决定改变方法。他们不再威胁或打小明，而是让他对自己的破坏行为进行补救。有一次，他们发现小明从一本书上撕下了一页，便说：“小明，你现在得将书粘补好。”爸爸看着小明来到放胶带的抽屉，帮他扯下胶带让他自己粘补。

小明不仅要粘书，还要洗墙，刮去瓷砖上的蜡笔痕迹。于是，有趣的事发生了，自从开始做修补工作后，小明不再乱涂乱画了。最终，小明树立了责任心。每当父母表扬他爱护自己的书本、玩具，小明总有一种自豪感。

小明现在极少出现破坏行为，父母也非常注意以身作则，让小明在一个良好的氛围中成长。

小明的这种情形就是心理学家所说的儿童破坏性行为。孩子有这种行为，父母大可不必紧张不安，我们不妨和儿童心理学家一起认识孩子的这种行为。孩子到了五岁便开始接触和认识外界的一切，对于自己遇到的东西，好奇心强的孩子，凡事总想动手，撕报纸、扔东西、摸这碰那的。表面上看起来是破坏性的行为，实际是孩子好奇心理驱使，是儿童对事物的探索。

在学龄前孩子的大脑中，并没有一条破坏性和建设性游戏的界限。在孩子满周岁前，你就应告诉他哪些是可以或不可以撕的或拆卸的。这样可以防止孩子无意识地破坏别人的东西。要坚持教育孩子爱护东西并为此感到自豪，让他创造的源泉朝着正确的方向发展，如拆卸玩具电话而不是真的电话。

孩子不是天生就知道东西的价值或者如何正确对待每一样东西，因此，要教他们图画本是你唯一可以用蜡笔画画的地方，别的地方都不行。至于孩子其他破坏性行为，家长可以说："书本是不能撕的，你要想撕东西就告诉我，我给你别的东西。"或者说："这个苹果不能切开，也不能像真苹果一样吃。你想吃苹果就跟我说，我会给你一个。"

孩子到两岁多时，可以提醒孩子，如果在公共场所乱涂乱画，不但要将涂的部分弄干净，还要清洁周围的环境，培养孩子的责任心。这种处理问题的方法，能培养孩子爱护东西的意识。

对孩子无心造成的过失，您可以在他力所能及的范围内让他对自己的行为负责。杯子打翻了，就让孩子用抹布擦干桌子；玻璃瓶打破了，让他帮您拿来扫帚和簸箕。让孩子善后要比严厉地责备他好，毕竟他不是故意的。

专/家/提/示：

乱涂乱画是孩子心理状态的一种特殊表达方式，而且画画对孩子有很多好处，比如锻炼孩子的思维、动手能力等。它能够使孩子慢慢变的精细，可以培养孩子的观察力、想象力、记忆力，还能促使孩子身体的协调能力。

理智地冷冻已经出现的早恋

德国大诗人歌德曾经说过："哪个少女不善怀春？哪个少男不善钟情？"歌德所谈的，正是少年在青春期所发生的一些心理变化。凡是女孩到了一定的年龄，都会感受到异性对自己产生了吸引力，同时也希望自己能引起异性的注意，对异性产生吸引力。于是，少女就会十分关心自己是否会引起异性的注意。正因为你的心理需求，所以不论男生对你有意或无意都容易认为是对你“落花有意”，这在心理学上称为“求证效应”。这好比你怀疑某人偷了你的东西，你会感到他的一举一动都像是个小偷。但当事实澄清了他没有偷你东西后，你又会觉得他的一举一动都很正常了。

同时，由于受家庭和学校的教育，以及社会舆论的压力，你又担心自己会对异性打开感情的闸门，所以你又拼命地压抑它、排斥它。无论是希望“出点事”，还是担心“出点事”，你的关注点都在两性的情感关系上，因而也就容易“神经过敏”。

焕发着青春朝气的你们，由于频繁的接触，丘比特之箭也会向你们悄悄射去。由淡淡的思慕，发展到对某一异性的爱慕，并伴有相应的行为表现（秘密或公开的追求）。这时的你可能已经远离纯真友情的“芳草地”，而陷入早恋的“沼泽区”。

有位作家说，早恋是一朵带刺的玫瑰，我们常常被它的芬芳所吸引，然而一旦情不自禁地触摸，又常常被无情地刺伤。青春年少的你应该慎重处理这种情感，而不能听任它的发展，因为早恋毕竟会带来许多恶果，它不仅影响你学习和其他正当活动的兴趣；而且，由于你的责任感和价值观等社会性意识还未成熟，极易误入歧途。在一些工读学校中，因性犯罪而被收容的初中女生竟占女生总数的85%以上。使人更为焦虑不安的是，有性过错行为的女生年龄在逐年降低，呈低龄化趋势。

中学生的恋情幼稚，相恋终成眷属者十分罕见，失恋几乎是中学生恋爱的必然结果，失恋对心灵的打击有时可影响人的一生。来自各方面的调查都显示，早恋给人带来不幸的比例极大。

学生究竟该不该谈恋爱呢？回答当然是否定的。学生思想还不成熟，对人、对世界和对社会的看法还比较幼稚，处于动荡时期。今天也许两个人还很投机，几年以后就可能分道扬镳了；身心发展也还不成熟，学生可能存在一种“盲目的成熟感”，喜欢自以为是，在情感方面容易冲动，自制力较差；最重要的是学生的事业方向还远远没有确定。学生时期是人全面发展、求知欲最旺盛的年代，重心应当放在学习上。对于有的同学认为“只要两个人志同道合，谈恋爱不会影响学习”的说法是不客观的。事实上，当情感时刻被某个人牵制，学习不可能不分心，成绩下降是必然的。

如果你已经不幸地陷入了“早恋”的泥潭，苦于不敢或不知道如何对倾慕已久的男（女）生表白心迹；或许是正处于爱情的甜蜜滋润中；或是给对方写了情书却没有回音，因此陷入失恋的苦恼中。无论如何都应冷静地控制一下感情。

下面教你几招理智地冷冻已经出现的早恋的方法。

（1）装作什么都没发生

有些男生可能是由于一时冲动写情书，若是立即回信，可能还会让对方产生误会，因此可能引来更多纠葛。如果装作什么都没发生，还是像往常一样和他来往，既不要过于疏远，不要表现出刻意回避，也不要表现出亲近和热情，一段时间后，他可能就会明白。

（2）与对方面对面地沟通

如果装作若无其事，对方还是穷追不舍、百般纠缠，这时可以与对方直接面对面地沟通，把事实告诉他，保持良好的友谊关系，不要伤了和气，更不要让对方感到难堪。

（3）告诫自己应当珍惜年少时光好好学习

如果你现在正陷入对一个男孩或女孩无尽的想念，对方的一举一动都牵动着你的神经，这种力量让你难以自拔，那么这时不妨采用升华的方法。培养强烈的事业心，告诫自己应当珍惜年少时光好好学习，掌握一技之长，而不应该沉溺在儿女情长的纠缠中。可以去看一些伟人传记，或摘抄名人名言来鞭策自己，不断地朝理想迈进。

也可以去做一些自己感兴趣的事情，将精力全身心地投入进去。比如到运动场上去打球、读小说、听音乐等。另外转移活动空间也是必要的，尽量减少与他（她）单独相处的机会，注意多参加集体活动，扩大交际圈子，用多层次多角度的友谊来冲淡已经快将自己团团包围的“恋爱”关系。

你可以对自己说：“锦绣前程才向我展开，值得我去追求、值得我去体验的美好事物还有很多，鸿鹄千里，是因为它有远大的志向，雄鹰搏击长空，是因为它目光的长远。今天，我该去耕耘，用我全部的时间和精力，也为了明天的收获。不要过早地把自己的追求与志向浓缩于两人世界，大好的年华不能仅收获不成熟的感情。”没有人会吃下未成熟的青果，它的余味又苦又涩。正在增长知识的学生，最好不要感情用事，需要理智。走进死胡同，要想走出来那是要付出代价的。所以，别太在乎提前到来的爱情，用“冷冻”来对待它！

一位面临高考的女生在她的日记中写道：“我不久就要高中毕业了。这一时期以来，我和许多同学都被一个问题深深地困扰着。我先后收到过三位男同学的来信，都希望和我建立‘朋友关系’，我感到这么做对目前的学习不利，可是他已先后给我写过七八封信了，我觉得很难拒人于千里之外。我的几位女伴也收到过一些情书，其中一位女同学‘谈朋友’，学习成绩下降了。为此还被老师批评被家长责骂。为什么到了我们这个年纪，男女之间的事情就那么多呢？我应该怎样摆脱呢？”这种情况，有些男生也可能遇到，大多是妙龄女孩遇到的更多一些。十七八岁的少女长得像一朵花，她的体形、容貌、言行举止都散发出一股迷人的青春气息，吸引着周围的男生。这些现象对有些青少年，特别是有些少女周围形成了一个异性世界情感的“包围圈”，孕育着人生情感最初出现的危机。

怎样才能学会拒绝，冲破这个“包围圈”呢？首先，要有清醒的头脑，认清什么事该做，什么事不该做，能全面稳定地把握自己，不要贪图一时的感情宣泄，而要着眼于光辉灿烂的未来；其次，处理感情上的一些纠葛要坚决果断，不能认为情不可却，欲止又行，应该把自己的意愿向对方说清楚崇拜、羡慕、同情、帮助是一回事，感情是另一回事，二者不可混淆；另外，要戒除一些性好奇、性模仿心理，认清自己的现实情况和小说、银幕上的人物是有区别的，而不能在好奇、模仿的心理支配下做出不该做的事来。

专/家/提/示：

早恋是一朵带刺的玫瑰，我们常常被它的芬芳所吸引，然而一旦情不自禁地触摸，又常常被无情地刺伤。青春年少的你应该慎重处理这种情感，而不能听任它的发展。

与异性交往的程度和方式要恰到好处

应当承认早恋是青少年身心发展过程中出现的一种正常现象。人是有感情的，青春期的感情萌动是成长发育和环境因素共同作用的结果。异性相吸是自然界普遍存在的规律，人当然也不例外。但是，对于正处在人生发展关键时期的青少年朋友来说，在这一阶段的任务主要是学习知识，努力提高自己，为将来的发展奠定基础。此时，你们思想尚未成熟，容易冲动越轨，经济尚未独立还依赖父母，事业尚未定向，如果过早的开始恋爱，甚至越轨，不仅无法品尝爱情的甜美，反而会给自己的人生带来不可弥补的创伤。

先看小瑞和小伟的故事吧！

小瑞怎么也没想到，自己在初三时犯的一个错误，竟使她一直处于苦闷与彷徨之中，总也无法解脱自己，总也走不出那份迷茫。

在小瑞读初三的那年，她与一位在一起坐了很久的同桌相恋了。在班上，两人的成绩都是数一数二的。也许一切来得太早，小瑞和那个叫小伟的男孩心中都有着一种莫可名状的自责，因为他们都不愿过早步人爱河而毁了各自的前途，于是两人约定好以后不再来往。小瑞还主动找老师换了座位。然而过了一个月后，小瑞和小伟的成绩都下降了。两人本来就不愿分开，这下便找到了借口——和好如初才能把成绩搞上去，于是两人在暗地里重续旧情。

也许是年龄的幼稚，处事总爱走极端；也许是人生阅历太浅，把握不好事物的分寸，总之在青少年的男女关系之中，往往是非此即彼、非远即近，不是亲热得相恋相爱，就是冷漠得如同路人。比如小瑞与小伟，本可做互帮互助、互敬互重的好朋友，在相恋和相离之间找到一个合适的点。

心中既已产生了那份情感，就应转化为合理的、积极有益的存在形式。靠简单的压抑是压抑不下去的。而且反会以一种更为错误的方式予以强化。

就这样，每次别的同学都回家后，两人却偷偷溜到小伟的单身宿舍。两人总爱一起学习做题后，再卿卿我我一番。结果在一天晚上，做完作业后，两人发生了不该发生的事情。

之后，小伟总安慰小瑞，说要照顾她一生，然而，他还是这么小，连自己尚且不能照顾得好，更何谈对另一个人长远的负责？从那天起，小瑞经常躲在被子里哭，想想自己在老师眼中是尖子生，在同学心中是佼佼者，可他们不知道自己竟做出了如此荒唐、错误的事。

中考分数出来了：小伟考上了重点中学，小瑞却只上了中专。从此，小瑞没有了自己的奋斗目标，只是把一切希望都寄托在小伟身上。然而，小伟一有时间就往游戏厅跑，管制不住自己。每次他总答应小瑞要好好学习，再也不去游戏厅了，可到头来仍毛病依旧。而小瑞呢，一切冷暖都为他担忧。她也恨自己，为什么如此看重这份情感。她老爱独坐窗前，默默哭泣。

面对早恋的困惑和早恋带来的苦果，青少年朋友们应怎样去应对，才能避免早恋呢？

（1）用理智来战胜这不成熟的感情

早恋最直接的危害是严重干扰学习。由于整日整夜满脑子想着自己喜欢的那个异性，因此，会使你没心思去学习，也觉得学习没多大意思，上课注意力就以集中。由于没有认真听讲，学习成绩就会越来越差。有人说：事业的引力，爱情的驱动，歧视与压迫的反作用力，是人生的三大动力。因此，早恋处理得好，可以产生“核动力”。有关统计资料表明那些在中学时代就耳鬓厮磨、如胶似漆地恋着的小恋人，大都是学业荒废，爱情失败，甚至有的由“爱得深”变为“恨得深”。相反，那些把爱深深埋在心底，一心向学的青少年，多数不仅事业有成，而且能够赢得爱神的青睐。因此，青少年要把眼光放得远一点，要用理智战胜自己的感情。毅力的真谛是战胜自己，你能战胜自己，便会摆脱早恋。

（2）树立远大的奋斗目标

不看不适宜的报纸杂志、影视节目，把精力投入到学习中去，多看一些伟人的传记，培养自己的意志力，树立远大的奋斗目标。有些青少年早恋或者单恋，喜欢夸大自己在对方心目中的地位，认为对方的一言一行都与自己有关，甚至是受自己的影响。对方成绩下降，挨了老师批评，以为这是因为自己的缘故，因此，替对方难过；对方近日精神不振或者瘦了，认为这是因为对方想念自己的缘故，因此，自己很感动。青少年的这种心理，其实是一种“自作多情”。青少年在对异性的想念和思念中，除了使学习成绩下降外，还能得到什么呢？

（3）正确看待男女生之间的交往

每一个步入青春期的少男少女，随着生理的逐步成熟，会开始关注异性同学，并希望了解他们，与他们交往，这是一种正常的心理现象。青少年对异性的依恋并不是有些家长和老师所认为的那样，是一件丢人和见不得人的事，这与道德品质无多大关系。绝大多数青少年都有过“早恋”或“单恋”的经历，关键是如何正确处理早恋和男女生正常交往之间的关系。不要过分地敏感，不要以为异性对你好一点就是爱上你了，也不要动不动就向人家表达爱。众所周知，异性交往是人类社会生活中不可缺少的重要组成部分，异性交往在个体成长历程中的各个阶段都是必不可少的。中学生心理萌发的异性吸引是性心理和性生理走向成熟的必然结果，是一种正常的自然表现。对中学生而言，异性同学之间的正常交往不仅有利于学习进步，而且也有利于个性的全面发展。

一般来讲，既有同性朋友又有异性的朋友的中学生，往往性格比较开朗，为人诚恳热情，乐于帮助同学，自制力也比较强；而那些只在同性同学中交朋友的人，往往缺乏健全的情感体验，不具备与异性沟通的社交能力，社交范围和生活圈子也比较狭小、人格发展不甚完善。但是，在中学时代，异性同学关系仍然是一个颇为敏感的话题。如果男女同学之间的交往处理不当，也会影响和妨碍中学生的学习和身心健康，带来情绪和行为上的困扰。男女同学之间的异性交往是有利有弊的，关键在于如何建立起积极向上、健康发展的异性关系。

在与异性交往的过程中，言语、表情、行为举止、情感流露及所思所想要做到自然、顺畅，既不过分夸张，也不闪烁其词；既不盲目冲动，也不矫揉造作。消除异性交往中的不自然感是建立正常异性关系的前提。自然原则的最好体现是，像对待同性同学那样对待异性同学，像建立同性关系那样建立异性关系，像进行同性交往那样进行异性交往。同学关系不要因为异性因素而变得不舒服或不自然。

异性交往的程度和方式要恰到好处，应为大多数人所接受。既不为异性交往过早地萌动情爱，又不因回避或拒绝异性而对双方交往造成心灵伤害。当然，要做到为大多数人所接受也并不容易，建议你只要做到自然适度，心中无愧，就不必过多顾虑。

专/家/提/示:

在与异性交往的过程中，言语、表情、行为举止、情感流露及所思所想要做到自然、顺畅，既不过分夸张，也不闪烁其词；既不盲目冲动，也不矫揉造作。

如何培养青少年爱的自控力

一位不肯透露姓名的中学生讲述了他的如下故事。

我现在非常痛苦，可是又没有人能够理解我，更不敢向爸爸、妈妈、老师甚至同学们提起这些苦恼。我害怕大家从此看不起我，更怕别人认为我是一个坏孩子，因此我只能写信给您。我们之间是陌生人，所以我才有胆量把一切告诉您。

我的父母对我管教是很严的，他们对我的期望值很高，我的学习成绩虽然不是最好的，但在班里也是中上等吧。可是最近我的成绩下滑得很厉害，我想大部分的原因是由于我经常思想“开小差”的缘故。最近我常常考虑一些莫名其妙的问题，比如世界上为什么会有男人和女人，男人和女人究竟有什么区别，小孩子是怎么生出来的等。我总是被这些问题困扰着，我越是使自己不去想它，我就越是不能自已。

我还要告诉您一件事情，您不会认为我是坏孩子吧。我班有一位叫周琴的女孩，不仅美丽大方，而且聪明睿智。我们既是学习的竞争对手，又是情趣相投的好伙伴。可是，最近我对她产生了一种很特别的感觉，我每天晚上躺在床上，脑子里闪现的全是周琴的音容笑貌。有一次上计算机课，全班同学都走了，我见她还在孜孜不倦地操作，就走过去问她：“编什么程序呢?”“我输入的一个程序调不出来了，你来帮帮我吧!”她说。于是我搬了一把椅子坐在她身边，共同琢磨起来。突然，我感觉到她身上有种奇特的芳香气息扑鼻而来，我打了一个激灵，不由自主地盯着她看。当时，我的大脑一片空白，我似乎还对她说了一句什么，说的什么我怎么也记不起来了。刹那间周琴又羞又气地站起来，嘴唇气得发紫，然后冲出计算机房。我当时傻了，我干了什么？我为什么要这么干？我追悔莫及。事后，我给她写了一封信，说我太爱她了，一时冲动做了蠢事，请她宽恕等。可是，她不再理我了，连看也不肯看我一眼。其实，就连我自己也不能原谅自己，我一直记在心里，是不是我在本质上真的是一个流氓呢？我的良心总是很不安，我很想忘记这件事情，可是越是想要忘记就越会不断地想起。

的确，成长是一种令人喜悦与振奋的事情，它不仅代表着生命的融通与提升，也是人生的另一种诠释与蜕变。在我们成长的时候，总会出现这么一个时期，它使得我们对异性格外敏感和关注，这个阶段是人的青春敏感期。按照生物学的规律，人在进入青春期的时候，随着体内激素分泌量的增多，就开始出现了关于性的心理特征。

在青春期，最突出的表现是对异性产生一种难以消除的兴趣或爱恋、思慕、亲近的情感，有时还会出现性欲冲动，而这个男孩子正是在这样一种冲动之下冒犯了同学。当然，这种情感通常并不是泛泛地指向任何一个异性，而是更容易受自己喜欢的异性所吸引。

有时候，少男少女们自己往往也说不清楚在青春期自己心理与行为上的变化究竟意味着什么？其实，这就是通常所说的无意识的生存本能。生存本能是人和动物所共有的一种赖以生存的天赋能力。例如进食的行为就是一种生存本能，食欲是驱使动物进食的心理激励因素。

没有食欲，动物就不会产生进食的动机和行为。青春期异性之间的互相爱慕、亲近，甚至出现性欲冲动，实际上就是受繁殖本能驱使的表现。青春期少年心理和行为上发生的变化也正是出于这种原因。由于繁殖后代是人类得以生存的保证，因此，青少年在青春期冲动的强烈程度也就超过了其他的生理欲望。

青少年在青春期的冲动，就是这种生存本能的具体表现，对此我们虽然不可能抗拒，却可以驾驭。认识到这一点，青少年就能比较清醒地了解自己产生与性有关的心理活动的原因，在这方面的行为也就能更加自觉和理智。尽管这是人的生理和心理上的正常反应，但作为一个有理智的人来讲，我们是能够控制自我的情绪和思想的，况且，当它影响到正常的学习和生活，就没有益处了。

上述男生可以多和同学们一起探讨问题或进行体育活动，使自己的注意力加以适当的转移，也不要惧怕和异性之间的正常交往，因为这个世界有了男人和女人才变得丰富多彩。通过这件事情，你应该明白自己在青春期生理方面的知识和自我的自控能力是有欠缺的，因此要及时地补上这一课。科学知识可以使人明理，但是要阅读科学的书籍，避免不良书籍的诱惑。有时候，越是强化某种想法，反而这种想法会始终缠着你。不如不去管那些想法，也不去关注它，一如既往地去学习和生活，你会发现它会离你而去。

专/家/提/示：

青少年在青春期的冲动，就是这种生存本能的具体表现，对此我们虽然不可能抗拒，却可以驾驭。

通过沟通打开孩子的心灵之窗

“现在的孩子怎么这么难管？深了不是，浅了也不是。”一位家长充满困惑地说。心理学专家认为：“孩子不是管出来的，家长不应该按照自己的想法来塑造孩子，让孩子成为完成自己梦想的工具。孩子应该有自己的人生。”他提醒所有的家长说，“现在孩子的物质生活丰富，精神生活却没有跟上，而学习、生活经历又与父辈截然不同，代沟使得家长管不了孩子的许多事情，家庭教育中最好的办法是交流，而不是管教。”

上海市心理咨询中心的一项调查显示，现在的孩子同自己的父母越来越疏远，甚至从不与父母交谈。该调查数据显示，约有69%的学生感到无法与父母交流和沟通，对于成长过程中遇到的困惑、烦恼和问题的学生认为难以与父母交流。随着工作节奏不断加快，竞争压力日益增大，许多家长不得不将更多的时间和精力投入到工作中，致使他们无暇顾及甚至忽视对处于青春期的孩子进行教育和指导，这已成为目前普遍存在的一种社会现象。

有的家长尽管也有一些教育孩子的知识和方法，但是，在教育自己孩子的实践中时却又常常失败。造成家长教育孩子失败的原因是多方面的，其中主要是许多家长在心灵上无法与孩子沟通，不能充分地了解自己的孩子，因而造成了教育的失败。

有一位家长在向别人讲起自己上小学五年级的孩子时，非常苦恼地说："真是越大越和我疏远，我的操劳和担心她一点也不放在心上。她自己的事和谁都能说，就是不跟家长说。当问到在学校里的情况时，就是不讲，有时反而回敬你'反正你也不明白，说也没用之类的话'。"这种现象非常普遍。家长在与孩子的交往过程中，往往不能发现孩子正在形成和发展的性格、行为习惯等，而只满足于自己的一贯逻辑，并同时真的为孩子的不听话感到吃惊。其结果是由于家长忽视孩子复杂的心理活动，与孩子心灵脱节造成的。

家长与孩子在心灵上的沟通，对教育孩子具有非常重要的意义。首先，家长与孩子经常沟通，家庭成员之间的关系就肯定是和谐、亲密的。在这样的家庭气氛中，必定能创造出一种积极、健康的教育孩子的良好环境。其次，家长与孩子经常沟通，有助于家长及时了解孩子的情况，并及时有效地因势利导，有针对性地做好教育孩子的工作。最后，家长经常与孩子沟通，能通过对事物的褒贬，帮助孩子正确认识人生的价值，纠正其不良的思想倾向，增强健康意识，走好人生的每一步，进而达到成功。

那么，家长应该怎样与孩子沟通呢?

(1) 了解孩子

如果家长不能与孩子在心灵上沟通，那么，即使他掌握很多教育孩子的知识和方法也是没有用的。反之，家长如果能真正放下架子，走进孩子的生活中去，去了解孩子的内心世界，那么，许多困扰家长的问题就会迎刃而解。

许多教子有方的家长都有一条经验，就是尽可能多地抽出时间和孩子待在一起，与孩子沟通。孩子也是人，也有自己的喜怒哀乐。一般来说，小学生有好问、好群、好游戏、好野外生活的共同特征。如果家长不识童心，总是以一个教育者的姿态居高临下地站在孩子面前，那就无法了解自己的孩子，更谈不到沟通了。孩子好问，提的问题特别多，你却嫌烦，让他在一边自己玩；孩子好群，喜欢和小伙伴接触，你却把孩子整天关在屋子里，他会非常难过；孩子好游戏，甚至把玩看得比吃还重要，你却取消他游戏的权利，不许他玩，反而整天叫他写字、做题，甚至节假日也要加班加点，即使孩子不反抗，心中也是不高兴的；孩子好野外生活，喜欢家长常带他出去远足、郊游，你却一年四季总满足不了他的要求。长此以往，在孩子幼小的心灵上就打上了与家长不亲的烙印，同家长的关系也会逐渐疏远，家长与孩子之间好像隔着一堵无形的墙。隔阂一旦产生，再好的教育方法也难以奏效。

相反，如果家长有一颗童心，和孩子经常在一起进行感情上的沟通，情感上就会产生共鸣。在这种情况下，孩子不仅会向家长吐露真情，而且也乐意接受家长的教育。当然，我们说家长应有一颗童心，并不是说让家长完全回到孩子的天真中去，而是让家长求得与孩子在心灵上的相通，就可以对孩子的童心施加影响，进而使孩子在告别童年时，能够迈出稳定坚实的步伐。

（2）倾听孩子的诉说

你的孩子最喜欢穿什么样的服装？你的孩子今天最想做的事情是什么？对于这样的问题，作为家长的你可能回答不上来。

尽管家长们在孩子成长过程中倾注了很多心血，但事实上，更多的家长并不注重与孩子的沟通与交流，不给孩子申辩的机会，更不愿倾听孩子的诉说。处于成长期的孩子，明辨是非的能力虽不是很强，但也有他们独特的思维方式。他们每做一件事，都有自己的理由和想法。有些家长总爱以成人的思维方式去评判孩子所做的一切，不给孩子说话解释的机会，轻则呵斥，重则打骂。孩子因失去说话的权利或自己的话得不到父母的信任，只好将委屈和不满埋在心底，并由此产生与父母对抗的心理。

倾听孩子的诉说，充分尊重孩子说话的权利，并不是放纵孩子，而是一种家教艺术。首先，只有倾听，才能知道孩子心里的所思所想，才能对症下药，从而帮助孩子树立正确的人生观。其次，有利于孩子建立一个健康的心理环境，促进身心的良好发展。孩子有了向父母倾诉内心感受的机会，就会跳出压抑的心境，克服自卑感，从而增强自信心。倾听孩子的诉说是一把开启孩子心灵窗户的“金钥匙”。父母要经常与孩子面对面，平等地互相倾听与诉说。孩子有值得称赞的观点，家长应明确支持，孩子认识上存在误区，可循循善诱启发开导。

专/家/提/示：

家长与孩子在心灵上的沟通，对教育孩子具有非常重要的意义。

家长要勇于向孩子道歉

有这样的父母，明明自己做错了事，冤枉了孩子，或误导了孩子，还给自己辩解、护短，轻描淡写，不当回事儿。这就违背了做人的基本原则，也是教育中的大忌。次数多了，父母在孩子心目中失去威信，哪还谈得上什么教育孩子呢？

在家庭教育中，家长如果从不向孩子承认自己的缺点、过失，孩子就会渐渐失去对家长的信任。久而久之，对父母正确的教诲，孩子也同样会置之脑后。而家长如果对孩子犯了错误后，能郑重地向孩子认错、道歉，孩子就会懂得承认错误并不是一件可耻的事，就会提高分辨是非的能力。

比如，当孩子“闯祸”后，一些家长由于一时的感情冲动，往往会对孩子进行不恰当的批评或惩罚。事后，父母又常常会后悔。这时，倘若父母能勇于真诚地向孩子道歉，用自己的行动补救自己的“过失”，则能引导孩子更好地走自己的路。

被称为“西班牙王国上空一颗光辉灿烂的巨星”的拉蒙·依·卡哈的成长就说明了这一点。卡哈小时候调皮得很，13 岁他运用所学知识造了一门“真”的大炮，一发射就把邻居家的孩子打伤了，闯了大祸，被罚款和拘留。当他从拘留所出来后，身为外科医生并通过刻苦自修当上萨拉大学应用解剖学教授的父亲，把卡哈这个“顽童”着实训斥了一顿，并责令他停止学业，学补鞋子。后来，父亲越来越觉得这样的处罚过于严厉，孩子闯了祸是要管教，但也不能因噎废食。于是，一年后，父亲上修鞋铺接回了卡哈，搂着孩子深情地说：“我做得不对，我向你道歉。我不该因为你闯了一次祸而中断你的学业。从现在起，你就在我身边学习吧，你会有出息的！”从此，卡哈潜心学习骨骼学，终于成为举世瞩目的神经组织学家并荣获了诺贝尔奖。

在我国，一些有识之士也同样勇于向孩子道歉。譬如，著名诗人、民主战士闻一多，有一次因心烦出手打了还不懂事的小女儿。这一幕恰好被在外屋的次子看见了，他出来批评父亲不该打小妹，说：“你自己是搞民主运动的，天天讲民主，怎么在家里就动手打人呢？”闻一多开始一愣，静坐沉思片刻后，走到女儿面前，神情十分严肃地说：“我错了，不该打你，我小时候父母就是这样管教我的，所以我也用同样的办法来对待你们。希望你们记住，将来不要用这样的方法对待你们自己的孩子。”这样的道歉，无疑使父亲在孩子们心灵中的形象显得特别高大！又如，南京一父亲在报上刊登了题为《给儿子的“道歉信”》的广告：“看了昨天你给我的信，对我震动很大，反省自己，最近一段时间来，性格变得很暴躁，漠视了你的感受。在此，请接受我深深的歉意。给我一次机会，让我们像朋友一样说说心里话。看到这封信，就给我打电话，好吗？永远爱你、惦记你的父亲。”我们可以相信，当儿子看到父亲这封“道歉信”后，儿子肯定会为父亲自责反省，愿与儿子平等对话的勇气所折服。如此运用广告的形式向孩子道歉，虽不值得提倡，倒可谓情真意切！

一些家长“向孩子认错、道歉，会失面子，会失去权威”的担忧是多余的。家长学会向孩子道歉，对教育子女无疑是大有裨益的。家长在家庭教育中出现过失、错误时，理当采取明智之举，勇于向孩子道歉，这样，定会让孩子心悦诚服！

父母犯了错误，懂事的孩子知道了，会产生各种心理反应：痛苦、情绪低落。所有的孩子都期望自己的父母是世界上最完美的人，一旦父母犯了错误，孩子的心里是很难过的，会忧心忡忡。家庭关系越好，孩子的这种心理反应越强烈。

父母有错，孩子觉得在外人面前抬不起头来，怕别人知道父母的事情，更怕别人提起来，在外人面前感到羞愧。

有的孩子在知道父母有错误之后，容易以偏概全，认为父母变坏了，甚至产生怨恨心理，看不起父母，不爱理父母。

作为父母，怎样做才能减少不利影响呢？

第一，与孩子交谈，承认自己犯错误的事实，尤其要谈改正错误的决心和决心，让孩子亲身感受父母的痛悔之情，改过之意。

第二，让孩子把心里话说出来。即使孩子说了怨恨过头的话，也不责怪孩子。真诚表示接受孩子的批评。

第三，请孩子做自己改正错误的监督人。这一点很重要，当孩子意识到自己的责任时，他会更振作起来。

第四，该教育孩子时，继续认真教育孩子。犯了错误的父母，依然有教育孩子的责任。在教育孩子时，要更加注意方式、方法和时机的选择。

第五，让孩子跟老师或者班干部正面谈谈父母犯错误的事情，不便于公开的就不要谈。有一点应跟孩子强调：一人做事一人当，孩子不应背思想包袱。必要时，请其他亲友给孩子做思想工作。

专/家/提/示：

家长在家庭教育中出现过失、错误时，理当采取明智之举，勇于向孩子道歉，这样，定会让孩子心悦诚服！

家长会后与孩子沟通要讲技巧

孩子与老师沟通的方式主要是家长会。据了解，大多数学生对家长会存在抵触情绪，只要爸妈去开家长会，孩子就会忐忑不安地在家里等待，猜测老师会向爸妈说什么。而且，在通常情况下，爸妈回来后，脸色“多云转阴”的时候的确偏多。初三学生彭鑫的学习成绩一直处于班里的中下游，这次期中考试成绩有了明显进步。但当妈妈去开家长会的时候，她仍然感到紧张，连最喜欢看的电视都看不进去。她总感觉老师又会把一些意想不到的事情告诉妈妈，使妈妈不高兴。

家长会后的结果与彭鑫的想象一样，妈妈对她的进步只表扬了两句，而后又开始数落她学习中存在的问题和课堂纪律问题。

彭鑫无奈地说：“我已经努力了，但家长会没有让我得到应有的表扬，而是更多的批评，我真不知道开这样的家长会有什么好，老师和家长见面只会让我很痛苦。”

70%的学生恐惧开家长会。据北京市某中学主管德育的副校长介绍，从调查结果看，至少有70%的学生在开家长会的时候提心吊胆，剩下的30%是那些公认的好学生。

该校副校长说，造成这种结果的原因有两个方面：一方面是长期以来，家长会的主要内容是老师向家长揭孩子的短儿，甚至有些家长会遭到老师的严厉批评，以至于家长自己都不愿意开家长会，怕丢面子，而学生也有“天不怕，地不怕，就怕老师找爸爸”的想法；另一方面，

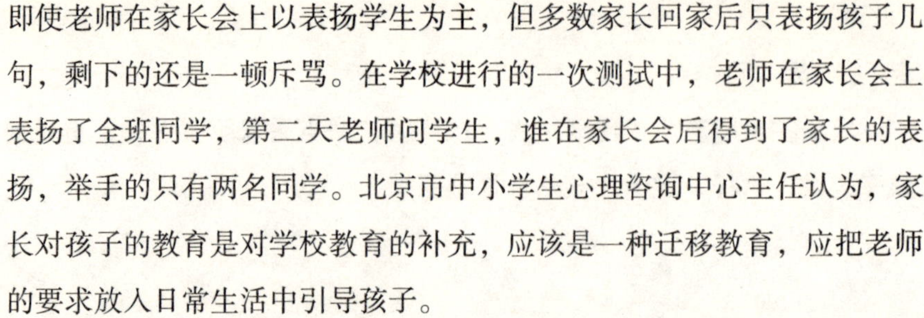
即使老师在家长会上以表扬学生为主，但多数家长回家后只表扬孩子几句，剩下的还是一顿斥骂。在学校进行的一次测试中，老师在家长会上表扬了全班同学，第二天老师问学生，谁在家长会后得到了家长的表扬，举手的只有两名同学。北京市中小学生心理咨询中心主任认为，家长对孩子的教育是对学校教育的补充，应该是一种迁移教育，应把老师的要求放入日常生活中引导孩子。

比如老师在家长会上说，孩子做题要有步骤，家长就要在平时注意要求孩子做事有秩序，从而带动学习方法上的进步，这里也贯穿了家长的思考过程。然而，在家长会后，多数家长只是简单重复老师的要求，甚至用严厉的态度让孩子记住。孩子在学校和家里听到的是一样的指责，必然会产生抵触情绪，根本达不到帮助孩子学习进步的目的。而且，有些家长在家长会后教育孩子时，也习惯于把自己对孩子的看法与老师的意见相结合，夸大孩子在学校的问题，这会使孩子认为老师没有如实反映他在学校的情况，对老师也产生抵触情绪。老师为了能更好地与孩子沟通，不仅将家长会上说的话斟酌再三，还会隐瞒一些情况。这样就会使家长失去促使孩子进步的作用，并且成为老师、家长和学生的矛盾集合体。专家的意见是让家长成为家长会的主体，家长和老师作为教育主体，两者之间的沟通十分重要，而家长会正是老师与家长沟通的好机会，以便于老师了解学生在家的学习和生活情况。但是有很多学校的家长会相当于老师对家长的批评会，既批评学生不用功学习，又批评家长不配合学校进行教育。这就使家长失去了教育的主体地位，甚至搞得许多家长感到很没面子，对开家长会有抵触情绪。其实，家长会应该是老师和家长平等交流的平台，老师要做的是为家长提供有效信息，对学生进行客观的分析，给予学生肯定的评价，并指出存在的不足和改正的方式。这才是改变家长会现状的关键所在，过去老师一个人唱主角的家长会形式也要有所改变。

首先，减少科任老师发言的比重，找一两门问题最突出的科任老师发言即可。原来的家长会总是校长讲完了，科任老师讲，然后班主任再讲，家长一听就是三四个小时，积极性肯定不高。因此要尽量缩短家长会的时间。

其次，要让家长回归主体地位，就要给家长提意见的时间，让家长有参与感，愿意参加家长会。同时还可以请优秀生的家长介绍经验，请进步大的学生讲学习方法，请学生诉说自己的苦衷，将这些内容融入家长会，可以使形式更灵活，信息交流更彻底，效果也就更好。

第三，老师要在家长会前认真备课，向各科老师收集信息，通过电话和家访的形式了解家长的要求。老师在家长会中应该充当信息交流桥梁和组织者的角色。

第四，老师如果想在会后留下一些学习成绩不好的学生家长，不要在会上点名，这样会使家长很没面子，可以会前电话通知。或者干脆告诉家长们谁有问题就自愿留下来，那些孩子成绩不好又很负责任的家长自然会留下来与老师做进一步交谈。

家长参加家长会的主要目的是从老师那里得到一切有关自己孩子的在校信息。家长会上，当校领导和班主任老师介绍学校、年级情况和下一阶段学校整体安排时，往往是以事不关已的态度闭目养神，只有到了班主任点评学生表现时才注意听有没有提到自己的孩子。家长会后他们会围着老师，了解孩子在校情况。若是当老师指出孩子的不足时，他们就在老师面前痛下决心一定严格要求，并已经想好了回家怎么“收拾”孩子。这类家长大都是功利思想比较严重的人，他们对孩子的将来并不关心，只要孩子现在能省钱，将来能挣钱，那就是他们最大的心愿。

家长会是这类家长的情报站，他们有针对性地选择自认为有用的信息记录下来，以备在“教育”孩子时使用，但是家长会上传达的学校近阶段的教学计划和任务、课程改革的内容、老师对学生的具体要求等重要信息都被此类家长忽略了。他们所关注的不过是孩子的排名和点名与否，往往显得很功利，而且会带来家长与孩子之间不必要的误会。这种现象在家长会后极为普遍，也是造成家长认为“孩子什么道理都懂，就是不听话”的根本原因。

有的家长在拿到家长会通知书时，就会对着孩子说：“你看我这么忙，还得去给你开家长会。”到了会场，总显出一副“公务繁忙”的样子，对老师们的连续发言表示反感，盼着家长会及早结束，有的家长甚至在家长会没结束时就以各种理由中途退场。回家后，孩子问起家长会情况，家长只有一句话：“老师让你好好学习！”

这类家长参加家长会只是应付差事，他们的表现不仅会给老师留下不负责任的印象，更重要的是这种不积极的心态也会对学生造成极为恶劣的影响。

这类家长大都是担任了一些不大不小的职务，或是刚刚负起一点点责任。端架子摆谱的心态，使他们忘记了家长的责任。家庭教育的关键是家长将对家庭、生活的热爱用日常表现传递给孩子，有意识地培养孩子成功的心态和良好习惯。其实，培养这一点很简单，就是家长从小事做起，为孩子作出榜样。

如果家长不重视家长会，不能达到与老师沟通的效果，找不出孩子的问题，就不会有解决问题的方法。那么孩子学习不好，家长就不应该一味地指责孩子和老师，其中的责任也要由家长来承担。可以说，家长对孩子严格的教育应该从家长对自己行为的严格要求开始。

有的家长在家长会上认真听每一位老师的发言，并把关键内容记录下来，甚至写出为达到老师要求所采取的措施，这类家长的孩子学习成绩一般都比较好。他们会等班主任与留下的家长交谈完之后，再与班主任进一步沟通，明确孩子仍然存在的问题，并探讨解决问题的方法，回家后也能坐下来与孩子平静地交谈。

这类家长应该是最受孩子和老师欢迎的。他们一般都是平常就很注意与孩子沟通，对孩子的情况比较了解，而且与老师也能保持密切的联系。更重要的是经常思考孩子身上发生的变化和遇到的问题，在孩子需要帮助的时候可以及时为孩子提出合理化建议。在开家长会时，这类家长对想要了解的问题和向老师提的建议都很明确，听老师发言很有目的性。当老师指出孩子存在的问题时，有不出所料的感觉，并与老师商量改进的方法。

这类家长的孩子一般都比较成功，而究其原因，主要是源于家长教育理念和方法的成功。家长用自己的思考带动孩子的思考，用理性促成老师、家长和孩子的和谐统一。

家长与孩子交流最好循序渐进。在开家长会时，首先会准备一个专门作记录的本，所记内容要尽量包括每一位老师的话和所有信息。开完会回到家，不应马上跟孩子谈学习的事，而要用亲和的态度给孩子一种不会挨骂，也不会挨打的感觉，让孩子能耐心地听你说家长会的内容。比如，先向孩子介绍家长会上都有哪些人发言了，概括一下发言的内容，让孩子了解家长会的全过程。说说班主任表扬了哪些同学、批评了哪些同学。如果自己孩子受到了表扬，一定要重点加以肯定。具体到孩子身上，介绍一下班主任及科任老师对他的评价，尽量做到客观、真实地转达。如果有家长会记录本的话，可以将上次家长会老师的评价以及成绩与这次的进行比较，分析哪方面有进步，哪方面存在不足或退步。和孩子一起找出进步的原因和方法，加以总结。

专/家/提/示:

有的家长在家长会上认真听每一位老师的发言，并把关键内容记录下来，甚至写出为达到老师要求所采取的措施，这类家长的孩子学习成绩一般都比较好。

家庭氛围对沟通的影响

在当今生活节奏加快的大环境下，家庭的情感交流和心理保护功能显得尤其重要和珍贵。考察各种家庭后发现，不同家庭氛围对孩子的个性影响十分显著，对沟通也产生了这样或者那样的影响。按家庭氛围粗略划分，可分为民主型、正统型、放任型、冲突型、包办型等家庭。

民主型家庭中，父母与孩子相亲相爱、互相尊重，家庭生活动静相宜、生动活泼、严谨有序。父母与孩子有充分的思想和情感交流的机会。这种家庭培养出来的孩子容易养成开朗、自信、积极的心态和开拓、灵活的思维习惯。

正统型家庭的父母为人严肃，行为端正，对孩子要求严格，决不轻易表扬孩子。对人对事总的原则是“责任重于泰山，欢乐藏在心底”。由于家庭中缺乏愉快的情感交流，孩子对父母往往敬而远之，有烦恼宁愿放在心里。有的孩子甚至会养成表面顺从、心里不服，当面一套、背后一套，害怕受挫的心理。

放任型家庭一般有两种，一种是父母忙于工作将孩子托付给保姆或亲属；另一种是父母对孩子教育比较随心所欲，没有一贯的标准。此种家庭氛围下的孩子难以养成良好的思维和行为习惯。孩子普遍活泼有余，严谨不足，责任心、自控力与开拓性都很差。如，某酒店老板的孩子上初二，表面看起来健康快乐，但行为无规矩，上课不遵守纪律，不爱做作业，成绩较差。

冲突型家庭的父母双方比较爱吵架。这类家庭的孩子日子很不好过，时刻要提防“家庭战争爆发”，或胆小退缩，或攻击好斗，极易酿成心理疾病。某商店的售货员脾气急躁，偏偏丈夫的脾气也很倔，家里总是吵吵闹闹，甚至大打出手。孩子从小就经常躲在一旁哭泣。上初中后，开始不回家，在街上游荡。终因打群架被处分，之后便自暴自弃，发展到偷抢赌博、被少管所收容的地步。

包办型家庭的父母一般勤劳肯干，爱子如命，处处呵护，事事顺从。在不知不觉中孩子养成了依赖心理，社会适应能力很差，无法独立处事。有些孩子就是在这种环境中长大，大学毕业后，家人帮助找工作。但上班没几天就干不下去了，因为总担心自己的缺点被同事知道，总猜疑别人在背后议论他。最终发展到不愿见人，幻想有个“世外桃源”来接纳他。

专/家/提/示：

民主型家庭最利于孩子的成长，也最值得我们借鉴。

遇事允许孩子申辩

孩子申辩是一种权利。有的父母喜欢那种俯首帖耳的孩子，父母怎么讲，孩子就怎么做。一旦发现孩子做错了，就会不分青红皂白地训斥、打骂孩子，不允许孩子申辩。这样非但不能使孩子心服口服，还会使孩子滋长抵触情绪，为扯谎、推脱责任埋下祸根。孩子申辩本身是一次有条理地运用语言的过程，也是与父母交流的过程。如果父母能有意识地找一些问题来与孩子辩论，孩子的思维能力和语言表达能力可以得到很好的锻炼。

孩子在任何情况下都应当被允许表达意见，不仅仅是谈可接受的、安全的话题，而且要允许讨论、争论。这对孩子的发展是至关重要的因素。它可以建立孩子良好的自我形象、信心，让他知道一个孩子说的话和做的事都不是无关紧要的。就说话而言，他可以体会到孩子的权力是什么，社会允许的限度又是什么。

必须让孩子明白：能够自己思考是有益的。但不要因此而奖励正确的回答，惩罚错误的回答。好的父母并不急于在孩子一犯错误的时候就指出并纠正他们。如果你这么做，孩子自我检讨和自我纠错的能力就得不到充分的发展，也无法获得充分的自信。

成年人喜欢有礼貌地反驳别人，这同样适用于父母与孩子间的任何交往。你可以用这些方法帮助你的孩子形成看法，强化逻辑，教给他如何真正地、自信地发问。你可以允许你的儿子在友好的气氛中阐明他的想法，反驳你的观点。好的父母会为孩子智力和自信的成长感到自豪，并且不惧怕孩子的异议。

让孩子养成“如果……”的思考习惯是件好事，这样他才能在同一时刻考虑几种不同的选择。当孩子冲动地建议一项不太合适的举动时，应当及时地制止他，让他考虑一下如果那么做会发生什么，让他找出原因，为什么那样做不合适。这样，当你不在身边或是周围没有人帮忙的时候，他就会三思而后行。

与孩子说话还应采取以下正确方式。

一是诱导式。通过循循善诱使孩子增知增智，获得乐趣，加深感情。

二是协商式。对孩子采取平等的态度，尊重孩子的人格，通过商量和讨论启发孩子动脑筋想办法，使孩子积极参与说话。

三是说理式，也可以称为“解释式”。动之以情，晓之以理。当不赞成孩子做什么的时候，应解释原因，说明道理，并征得孩子的理解和同意。在孩子做错事时，帮助孩子分析原因，晓以利害，使孩子心服口服。

另外，在与孩子说话时，父母要特别注意以下几点。

一是要从平等的地位出发，不摆父母的架子。在心情好的时候要这样，在心情不佳或被顶撞的时候更要注意态度。

二是要以孩子为中心。要以孩子关心和感兴趣的话题进行说话，当然，有父母和孩子都感兴趣的话题更好。以这类话题说话最容易产生沟通，也便于掌握孩子的思想动向。

三是父母要有足够的耐心。有些问题孩子不一定能很快理解，父母要有耐心帮助孩子慢慢认识。对孩子没完没了的讲述，父母也不要随意打断，应适当引导，使孩子逐渐提高表达能力。

专/家/提/示：

孩子再长大一些，就会质疑你的判断，提出相反的观点，并且进入真正的成人式讨论。在孩子转换角色、进入社会之前，让他在充满爱心

的家庭中学习这一切非常重要。

父母与孩子良好沟通的前提是倾听

“倾听”可以充分起到心理暗示的作用。因为倾听对孩子来说是在表示尊敬，表达关心，这也促使孩子能正确地认识自己。如果孩子感到他能够自由地对任何事物发表自己的意见，而他的认识又没有受到轻视，那么，孩子会感到无比的喜悦。

这种体验有助于孩子勇往直前，对什么事情都问个为什么？怎么会是这样？这样可以使他毫不迟疑、无所顾忌地发表自己的意见，先是在家里，然后在学校，将来就可以在工作上、社会中自信勇敢地正视和处理各种事情。

要想和孩子沟通，就必须学会倾听，倾听是和孩子有效沟通的前提。不会或者不知道倾听，也就不知道孩子的心里究竟在想什么，连孩子想什么都不知道，何谈沟通？

倾听是一种艺术，也是一门学问。与孩子进行沟通之前我们首先要倾听对方的意见与看法，认真地倾听和了解孩子心中的真正想法，多方面综合地观察各种不同的见解后再提出自己的意见，这样做不但可以达到沟通的目的，孩子也容易对你的沟通方式产生好印象，接受你所说的话，拉近彼此间的距离。

如果你每天都和孩子在一起，随时都在倾听他们的诉说，那么你就能从中获得很多让你惊异、深思的东西。这些东西在你们今后的沟通中起着不容忽视的作用。

想想，孩子们的话题那么多，一天到晚都在耳边萦绕，你有没有真正听一听、悟一悟呢？许多聪明的父母就是注意了倾听，才知道了孩子的心里话，因而也使沟通变得容易。

不知道该怎样倾听，也就不知道孩子究竟在想些什么，也就无法与孩子有效的沟通。作为父母，要想将自己的孩子培养成有用的人才，如果你重视和孩子的沟通，那么你就必须学会倾听。

父母再忙也要安排时间听孩子说话，时间可长可短，关键是要保证质量。听孩子说话也要讲究环境，有些谈话需要全家在一起，欢快热闹；而有些谈话则需要有一个温馨恬静的空间。

父母听孩子说话的时机选择，要注意以下几点。

心情不佳，过于疲劳或工作中遇到棘手问题必须尽快处理时，最好不要听孩子说话。倾听，必须要有一个理智的心理环境。环境安静，心理平和，能较好地对孩子的问题进行思考，采取成熟的解决策略。

孩子吃饭时、上学前、就寝前、与同伴一起玩或亲友在场时，都不是与孩子沟通的良好时机，不宜对孩子进行批评教育，否则会损伤他的自尊心和身心健康，并使他们的学习和活动受到干扰和影响。

父母由谁出面，或一起出面，都要根据具体情况，事先商量好，但要注意避开其他人。父母在倾听孩子说话的时候要肯花时间、有耐性，做个有修养的听众，用心倾听孩子的心声，用心走进孩子的世界，积极发现孩子的优点，然后对孩子的优点进行发自内心的赞扬。鼓励孩子，尝试着不去批评孩子，只要父母耐心地这样去做，了解关怀孩子，孩子就会很乐意和父母在一起。如此，拥有一个心理健康的孩子并非梦想，孩子也能顺利迈向成功之路。

孩子一般都渴望得到他人特别是得到生活中重要人物的爱护与肯定，这通常包括父母、师长等。个人在人格成长中得到关爱与肯定越多，则其人格冲突便越少，自信心则越强。假如一个人从小严重缺乏母爱，也没有来自其他亲近的人所给予的与母爱同等的温暖和关怀，这个人就会产生“被爱的渴求”。同时，“爱”的营养缺乏，他就不能或很难学会积极的社会交往。因此，父母要从小了解孩子的内心需要，要倾听孩子说话，如果父母只顾自己的感情需要，而不顾及孩子的心理需要，孩子就会感到很孤独。

认真倾听孩子的诉说并回答孩子的问题以便加深亲子关系，加强孩子的信赖和安全感。注意孩子讲话的内容，并表达父母的理解和同情，不要对孩子的感情或意见武断地表示否定的态度。同时，要公正地评价孩子，有一些父母喜欢这样说："你总是忘记……"，"你看看邻居家的孩子……"等等，孩子也希望父母不要当着他们同伴的面说自己的不足，如果确实要受到批评，最好私下悄悄地进行。

专/家/提/示：

父母要用心去倾听孩子的诉说，这样会更有效地和孩子进行思想、感情、生活体验等方面的沟通。

尊重孩子，做孩子的知心朋友

做孩子最值得信赖的大朋友。现代家教中，父母们只有先学会做孩子的朋友，才能当好称职的父母。

曾有一位家长在教育孩子的问题上谈到：在培养孩子成长的过程中，我作为一名父亲，深深地体会到父母的一言一行对孩子有很大的潜移默化的作用。人们常说："父母是子女的第一任教师"真是一点也不假。

从孩子小的时候就帮他分析事物、明辨是非，鼓励他对家庭的任何事情谈出自己的看法，并将与他的谈话录下来。我们把孩子的启蒙画保留下来，把他的学习成绩、身高等按逐年变化绘制成曲线图，从小就教他唱歌、游泳、吹口琴、钓鱼，带他到博物馆参观、看展览、看节目，有空还带他到大自然中去，呼吸新鲜空气……在各种活动中，我们不要以自己是孩子的父母就说一不二，或摆出什么都对、什么都懂的样子，而是做能给予他知识和欢乐的最知心、最可靠、最值得信赖的朋友。我们经常组织家庭会议，讨论大家共同关心的问题；由于家庭气氛民主和谐，孩子生活得无忧无虑。孩子有事就跟我们讲，从不在心里放着，出门说“再见”，进门问好，做饭当帮手，饭后洗碗擦桌扫地。平时买菜、洗菜，给父母盛饭、端汤、拿报纸、捶背。有时父母批评过了头，也不当时顶嘴，过后再解释。要常对孩子讲：“我们是父子，也是朋友，我们有义务培养教育你们，也应该得到你们的帮助，你们长大了，会发现我们有很多的不足之处，发现我们很多地方不如你们，这是正常的。因此，要像朋友一样互相谅解，互相帮助。”

只有和孩子成为好朋友，才能当好称职的父母。这位父亲的体会深刻、经验丰富，其做法令人敬佩。在这样和谐的家庭中生活，孩子会感到幸福快乐，有利于缺点的改正，更有助于孩子的健康成长。由于孩子与父母像朋友似的交心，也便于父母了解孩子的变化。

在生活中要尊重孩子，以平等的身份对待孩子，与孩子建立相互信任的关系，做孩子的知心朋友，只有这样，才能赢得孩子的信任。

孩子往往喜欢与家庭以外的人交往，因为那些人对待他们很像同辈，而孩子在家庭中往往就感受不到这种气氛。

其实，父母和孩子的交往，应该是平等和民主的，而不是独断专行的。父母首先要学会尊重孩子。孩子在家庭中扮演的虽然是子女的角色，但与父母一样，他们的价值和尊严应该受到尊重。父母在生活中要学会尊重孩子，要把自己放在一个平等的角度与孩子进行交往，这样才能在教育孩子时，让孩子对自己更加信服。

但是我们还应看到，在生活中，光有父母对孩子的尊重是不够的，还要与孩子建立相互信任的关系，让父母成为孩子的知心朋友。

父母与孩子之间的相互信任是他们关系的重要方面，因为相互不信任会出现抵触现象而直接影响教育质量。因此，作为合格的家长，还必须经常用正直和诚实的行为去获得孩子的信任。

另外，不要轻易对孩子许诺什么，除非是保证能做到的。孩子往往会将成人的许诺当作誓言，假如许下了承诺，但又破坏了这种严肃的承诺，孩子便不会再相信了。

一旦孩子到了懂得道理的年龄，就应当相信他们所说的话，以建立相互之间的信任（除非他说的话很不真实），不要这样去问孩子：“你所说的确实是真的吗”或“又在撒谎”，这样会使孩子怀疑你对他的信任。要用信任代替对孩子的怀疑，孩子将尽力实现对你的承诺。

孩子信任父母的标志，是他遇到问题时能找你解决，把你作为知心朋友对待。因为他知道你很信任他，能给他一个满意的答复。这样，孩子才会把他内心中的秘密透露给你，他知道你一定不会辜负他的信任。

做孩子的知心朋友，父母们至少应该做到以下几点。

（1）真诚

在与孩子的交往中，没有任何虚假。要求父母能客观地意识到自己在想什么、感受什么以及做什么。除了自我意识，真诚还意味着向孩子展现你的思想和感受。当你的工作没有做好时，你可以说你很灰心。如果对孩子很生气，直接对他表露这种感受比用隐讳的方式更好。

（2）勇于承认错误

包括坦诚地承认自己的缺点和错误。在教育孩子的过程中，难免会出现一些错误。如果对这些过失的发生，能对孩子用疏导讲理、诚恳认错的态度来解决，那么孩子就能够接受，而且不会产生无法挽回的损害，重要的是家长本身怎样去做。父母应该直率地承认自己的错误，并与孩子交谈和向孩子道歉，而不要使孩子形成“父母犯错后从来不承认”的印象。做到这一点后你会惊奇地发现，因为承认了无知和错误，却增加了孩子对你的信任，并激发了他们自己寻求答案的愿望。

（3）态度始终如一

对待孩子的一致性，是孩子对父母信任的基础。当孩子预先知道父母的意图以及父母会怎样反应时，他们就会感到比较安全。这种安全也是构成孩子对你信任的重要基础。

对于孩子来说，再温和的父母，他们的爱也带着威严的色彩，也是生硬、有距离和不易接受的；只有朋友的爱才是友善、和气、平等、有益心灵和易于接受的。

家长们应当放下“架子”，平等真诚地与孩子沟通，了解他们的烦恼困惑，引导他们养成良好的性格。

专/家/提/示：

在家里，不管是父母，还是孩子，都是平等的。孩子提出的看法，都要认真思量，有道理的就接受，家长的想法也要和孩子讲，共同商讨。这样，就让孩子觉得自己在家里有地位，受重视，也就会对家庭更加关心。

让孩子从小养成遵守公共准则的习惯

晓庆是家里的独生子女，从小在家“霸道”惯了，父母亲友都宠着他。有个学期父亲有机会去国外进修，母亲也跟着去了，把他托管在年迈的爷爷奶奶家。不再有爸爸的车接车送，晓庆有了许多独自活动的机会。

第一天晓庆和一帮男生跑到一个社区花园里踢球，踩坏了花草，还险些撞倒了婴儿车，最后被几个居委会的老太太骂走了。接下来晓庆的表现一直很莽撞，骑飞车、闯红灯；拿着妈妈留给他的存折去取零用钱时不排队，乱挤乱骂，最后被保安请出了银行。社会是由众多成员集合而成的，社会生活必须遵守共同规则。人们活动的动机、目的往往不同，如果各行其道，社会就会混乱不堪，陷入毫无秩序的彼此冲突之中。例如在十字路口车杂人多，由于车辆各行其道，红灯停绿灯行，穿梭有序，有条不紊，道路畅通无阻。相反，如果没有交通规则，或者人们不遵守交通规则，南来北往东行西去，各不相让。汽车、自行车、行人挤成一团，那么谁也别想通过。

现代社会，公共生活领域不断扩大，人们相互交往日益频繁，公共准则在维护公众利益、公共秩序，保持社会稳定方面的作用日益突出。

在现实生活中，人的根本立足点就是对公共准则的遵从。北方人的随便和大大咧咧通常被称为是“大气”或者“不拘小节”，南方人普遍被认为比较“小气”。其实“小气”有时候本身是对规则和秩序的高度认同。据《全国首次城市独生子女人格发展与教育调查》材料披露：有些独生子女具有攻击性倾向，表现为喜欢报复、易怒、好取笑别人等。

人们应该遵循的所谓准则，大致可分为人与人、人与社会、人与自然之间的关系。基本准则有的是不成文的，通常被称作“道德”，是人们相处的法则。有的体现在《中华人民共和国治安管理处罚条例》等法规中。不遵守公共准则的行为没有犯罪那么严重。最多是“不良行为”。但是不熟悉、不遵守公共准则，表明不能良好地适应社会生活，会给社会、他人，最重要的是对本人造成不良影响或者危害。

因此，要让孩子养成遵守公共准则的习惯，让孩子对公共标志形成本能反应。联合国教科文组织对“文盲”下的新定义有三层：第一是不识字的人；第二是不认识公共标志的人；第三是不会用计算机的人。“禁行”、“勿吸烟”、“勿喧哗”等表示各种含义的公共标志充满着社会生活各个角落。使青少年明白社会公德代表社会的共同利益，是全体社会成员对生活的共同要求。青少年作为社会成员的一部分，也应当遵守社会公共生活准则。作为孩子，在正常的家庭教育下一般都已经具备基本的公共标志识别能力和自觉遵守的习惯。如明确交通信号标志，不要随地吐痰，在电影院里也知道不要喧哗。但青少年容易激动，自制能力差，家长要经常培养提醒孩子，使遵守社会公共生活准则成为他的本能反应，并培养孩子对一些较复杂的公共标志的识别能力，引导孩子遵守基本的公共生活规则。如对人尊重、平等，对他人的困难、疾苦和不幸遭遇富有恻隐和同情之心，热情、乐于助人、有人道主义精神，并养成这样一个良好的习惯。

在社会生活中要讲秩序、讲礼貌、讲卫生、遵守社会公德、扶正祛邪、爱护公物、保护环境等。在家庭生活中也应该遵循相关行为准则，处理好长幼、邻里之间的关系。人与自然应和谐相处，要保护动植物，不乱吃野生动物等。纠正小错，例如排队，在所有的公共场所，只要有两个以上的人就要做同样的事情自觉地排成一队，人与人之间保持足够的距离，遵守先来后到的原则。和孩子一起外出时，注意告诫他在银行要遵守“一米线”，不要挤到柜台前和正在办业务的人身边。到邮局寄东西，哪怕只有两个人，孩子如果抢先去寄，也要告诉他注意先来后到，人多人少都要有这种意识，绝不可等闲视之，要及时纠正孩子的不良行为。

专/家/提/示:

青少年时期是人生的起步阶段和道德形成的重要时期，这一阶段的教育对他们一生怎样做人具有决定性的影响。而且中学生逐渐增加了独自外出的机会，到公共场所活动就要遵守行为准则。

改变孩子任性的坏习惯

所谓任性，就是放任自己的性子，不加约束，不管正确与否，只要是想做的事，就非做不可。然而，周围的一切不都是为满足孩子们的种种需要而存在的，周围的人也不能完全听从他们的“支配”和“调遣”，他们不可能随心所欲。因此，任性的孩子在日常生活中会经常碰钉子、受打击、遭挫折。他们觉得事事都不顺心，觉得好像人人都有意跟他们过不去，感到非常痛苦，对他们的身心都会产生不良的影响。而他们又不能主动地、自觉地对自己的心理状态进行调整，总是与周围的人和事处于一种对峙状态，时间长了，就很可能酿成心理的疾病，如忧郁、偏执、狂躁等。

父母往往以为，孩子的任何要求都是“自然合理的”。有的父母认为只有这样做才是真正地爱孩子，会使孩子获得“幸福”，否则就会给孩子带来痛苦。然而就是父母们的“好心”，培养了孩子的任性，给孩子制造了痛苦。

法国教育家卢梭在《爱弥儿》一书中，曾对已为父母的人说过：“你知道不知道用什么办法准能使你的孩子得到痛苦吗？这个方法就是：百依百顺。因为有种种满足他欲望的便利条件，所以他的欲望将无止境地增加。结果，使你迟早有一天不能因为无能为力而表示拒绝。但是，由于他平素没有受到过你的拒绝，突然碰了这个钉子，将比得不到他所希望的东西还感到痛苦。”

这位一百多年前的教育家举例说：“有的孩子竟想叫人一下子把房子推倒，竟要人把钟楼上的风标拿下来给他们，竟要人拦住正在行进中的军队，好让他们多听一会儿行军的鼓声……他们偏要那些不可能得到的东西，从而处处遇到抵触、障碍、困难和痛苦。成天啼哭，成天不服管教，成天发脾气，他们的日子就是在哭泣和牢骚中度过的。像这样的人会感到幸福吗？”在我们的实际生活中，不少的父母都有过这样的抱怨：“我的孩子太任性，怎么教育都不行！”有的家长甚至会说：“我的孩子是天生的拧种，真没办法。”就绝大多数孩子来说，其实，任性并不会是天生的毛病。

那么，孩子任性是怎样造成的呢？

第一，模仿别人的结果。在家庭里或亲友当中有人任性，孩子曾不止一次亲眼看到任性的表现，而且可能得到了不错的结果。于是孩子就会模仿，学着表现任性。比如，许多亲友一起庆祝节日或外出旅游，其中有一个孩子在大人面前有任性的行为，而孩子的家长不但没有教育他，反而迁就他，满足他的某种要求。这对其他孩子起到了负面作用。有的是非不明的孩子，遇到适合的机会，就会模仿他的样子。有的成年人也任性，孩子同样会模仿。爸爸、妈妈，任何一方有明显的任性行为，都会直接影响孩子。

第二，家长迁就的结果。有些孩子任性，是家长惯出来的毛病。孩子小的时候，常常有不合理的要求，家长觉得孩子小，不懂事，就迁就他，几次下来，孩子形成了心理和行为定式。比如，有的孩子偏食现象很严重，只吃自己喜欢的，别的一概不吃，家长怎么说也不行。这种任性的表现，就是以往迁就的结果。

第三，家长对孩子过度严厉或不尊重孩子的结果。有的家长对孩子要求过于苛刻，孩子难以达到，产生逆反心理和抵抗行为，久而久之，变得任性。还有的家长不尊重孩子，动不动就贬斥孩子，甚至在外人面前也随意责备，孩子为了保全自己的面子，产生任性对抗行为。

孩子长大后太任性，一点好处都没有。在家里，不听父母长辈的话，想怎样就怎样；在学校太任性，会成为不受欢迎的人，身心不可能健康发展。

怎样使孩子由任性变得不任性呢？分析孩子任性产生的原因，对症下药。由第一种原因导致的任性，如果是受父母以外的人的影响，重点在分清是非，让孩子对任性产生一种讨厌的心理，不去模仿。如果是父母自身一方有任性行为，则应认真反思，坦诚地与孩子交流，承认自己的行为不对，教育孩子不要学。而且请孩子监督自己，帮助自己克服任性的毛病。如果是第二种原因，家长要端正自己的教育思想，矫正自己的迁就行为。一方面教育孩子认识任性的害处，有实例说明任性会使人做错事，会碰壁，在集体中会成为不受欢迎的人，最终影响进步。另一方面，要向孩子承认自己的责任，无原则的迁就是不对的，孩子任性，自己应负主要责任。在此基础上，和孩子一起讨论，怎样克服任性，来个约法三章。比如，父母给孩子提出某种要求，先讲清道理，为什么这样要求；孩子不同意父母的意见，有自己的主张，也必须说明理由。如果双方有矛盾，就充分讨论，还可以请其他长辈、老师发表看法。如果是第三种原因，家长要在端正教育思想的同时，坚决改变过于苛求和伤害孩子的行为，要宽严适度，保护孩子的自尊。创造民主气氛，多给孩子讲话的机会。

群体生活中的一个重要原则是少数服从多数，个人的意愿与大多数人意愿不符，就会被否定。家长应鼓励孩子多参加群体性活动。节假日安排出时间约几个小朋友一起进行游乐活动。事先给孩子讲清要求，如果自己的意见被否定了，要服从多数，不固执，不闹情绪。学校班集体的活动，更要积极参加，应主动向班干部、班主任老师要任务，认真完成。家长主动与老师联系，给孩子安排点负责任的工作。孩子在与别人的沟通中，会体会到任性是错误的。帮孩子选择一两个通情达理、不任性的孩子做朋友对于中小学生来说，同龄伙伴之间的影响力是很大的。有一两个通情达理、不任性的朋友经常在一起学习、玩耍、讨论问题，对克服任性毛病大有好处。允许孩子到小朋友家里去，让他感受小朋友是如何听从父母的教导的。还可以让孩子请小朋友监督自己克服任性的毛病。

因此，矫正孩子任性，家长且首先要矫正自己，认认真真地下一番工夫。如果只是一般的批评，没有具体的有针对性的教育措施，恐怕不会见效。

另外，孩子是不是真的任性，需要家长做出准确的判断。也就是说，并不是你认为不应该发生的事情都是孩子的任性所使。下面我们结合实例来说明。小燕特别喜欢制作飞机模型，一干起来什么也不顾了。每当这时，妈妈叫他去买东西他都不动。妈妈指责他，他便说：“不去！不去！就是不去！”妈妈非常生气。

小燕的行为其实并不能算任性。孩子倾心于自己的爱好，一心钻在小飞机模型的制作上，反映了孩子浓厚的兴趣，旺盛的求知欲，一心要把自己的模型做好，这是意志坚强的表现。

孩子正在精心于自己创造的时候，家长要给以支持，不要破坏他的情绪，分散他的精力，而应使其创造力得到发展。

如果家长无视孩子的具体情况，要求孩子无论什么情况下都要绝对服从家长的支配，孩子“任性”没了，可韧性也没了，这样只能是扼杀了孩子的个性，使孩子成为一个毫无主见、唯唯诺诺的庸人。我们应该分清“任性”与“韧性”的界限。“韧性”是坚信自己的做法正确，无论有多大困难，也要坚持下去的一种顽强精神的表现。意志坚强，是良好的品质，家长应予以支持。

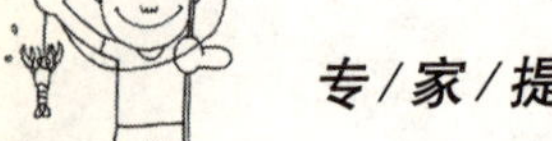

专/家/提/示：

在教育者和被教育者之间突出了讲解的过程，任性就会改变。切记不可以任性对任性。

坏的习惯会贻害孩子的一生

坏的习惯会贻害孩子的一生，千万不要因为孩子小而忽视它。

（1）饮食坏习惯

据日本学者研究发现，孩子脑功能的优劣取决于营养。因为脑是人生存和从事各种活动的中枢，它对营养的好坏、平衡很敏感，所摄取食物“质量”的高与低，与脑子的聪慧与否是成正比的。

一些不良的饮食习惯对孩子摄取营养造成了影响，间接损害了孩子的智力。家长必须引以为戒，不要让孩子养成以下坏习惯。

轻视早餐。科学家研究指出，不吃早餐的孩子，在回忆和运用新知识方面，明显赶不上吃早餐的孩子，而且他们的口头表达能力和短时记忆力也不及后者。理想的早餐，要掌握合理的就餐时间、营养量和主副食品的搭配。正常情况下，在起床10分钟后食欲较好，吃早餐最适宜。小孩的早餐通常以一杯牛奶、一个鸡蛋和一两片面包为最佳。

长期饱食。著名的围棋大师聂卫平在比赛时有一个习惯，就是在比赛当天的中午不会吃饱，而只吃一点蔬菜水果。这当中有什么奥秘吗？你是不是也发现在饭饱后常常感觉疲劳、想睡觉呢？这是因为吃饭后，肠胃需要进行消化，这时，血液供应也就更“偏向”于肠胃，而造成脑部的暂时缺氧，影响大脑发育。而且饱食还可诱发大脑中“纤维芽细胞生长因子”大量分泌，此物质会加重脑缺氧。三餐过饱，还会造成营养过剩，导致肥胖，并且对肠胃功能也有影响。专家建议，小孩吃饭一般七、八分饱就可以了。

挑食偏食。小孩子最容易偏食、挑食，有的不爱吃蔬菜，有的不爱喝牛奶，有的不吃鱼……对自己喜欢吃的就大吃特吃，吃得很多，对不喜欢吃的东西则吃得很少，或完全不吃，这都是不好的。大脑的新陈代谢，需要全面的营养才能完成，缺一不可。一类食物只能提供一部分营养物质，所以，鸡鱼肉蛋、大米白面、五谷杂食、蔬菜水果等，样样都要吃，以便取长补短，起到“互补”作用。有的孩子不愿吃蔬菜，因此体内缺乏粗纤维，这使其大便在肠道中的停留时间延长，人体就会吸收其中过多的有毒物质，将造成中枢神经中毒，出现记忆力下降、注意力分散、思维迟钝等症状。糖转化成的葡萄糖是脑细胞的能源，因此，适量吃一些含糖食品，有助于大脑发育，但并非多多益善。研究发现，糖过多，可使成为不良的酸性体质；而且也会减少人体对蛋白质和多种维生素的摄入，导致机体营养不良，从而影响大脑发育。此外，甜食过量造就了一批肥胖孩子，由于体重超标，身体活动不便，这些肥胖孩子更不愿意参与活动，使大脑得不到信息的刺激，影响智力发育；而缺乏活动，又会使孩子肥胖加剧，如此恶性循环，造成“肥胖孩子智力整体上比非肥胖孩子低”的严酷事实。

喜油炸食品。市售的油炸食品，所用的油多是经过反复煎炸的。食物在烹饪中经受高温焦化，会使蛋白质变性，失去生物活性作用；高温油炸本身可产生有强烈致癌作用的朵环胺类物质，而且反复炸煎的老化油中也含有致癌毒物，长期食用此类油炸食品，可促使脑细胞的衰老和死亡。

（2）睡眠坏习惯

睡眠是大脑消除疲劳的主要方式。长期睡眠不足或质量太差，会影响智力发展，加速脑细胞的衰退。

睡眠不足。睡眠不足往往是由于没有养成按时睡觉的好习惯所造成的。人体的生长取决于脑垂体前叶分泌的生长激素，而生长激素主要在睡眠时分泌，睡眠时分泌的生长激素为醒时的多倍。生长素的分泌同时也和脑细胞的发育密切相关，因此，如果孩子长期睡眠不足，不仅会影响身高的发育，也会影响智力。

蒙头睡觉。蒙头睡觉时，棉被中二氧化碳浓度升高，氧气浓度不断下降，使大脑供氧不足，长期如此，对孩子大脑的发育有负面影响。

趴着睡觉。同蒙头睡觉一样，趴着睡觉同样会引起脑部供氧不足。对于婴儿来说，甚至可能造成窒息。而且，趴着睡觉也会让身体压迫心脏，造成不适。

（3）其他坏习惯

孩子经常托腮。孩子经常托腮，会使腮部受压，久而久之会妨碍孩子牙齿的正常发育。而且，养成托腮的不良习惯后，坐姿必不端正，时间长了会影响脊椎的发育。

整日迷恋玩具。现在琳琅满目的玩具，占据着孩子活动的空间，给孩子增添了乐趣的同时，却逐渐和大人疏远。医学专家指出，当心孩子患了“玩具孤独症”。有些孩子有时一旦离开玩具，就变得烦躁不安，对父母或周围的人不屑一顾。据儿科心理专家分析，导致孩子“发病”的主要原因，是现在的年轻父母生活节奏加快，没有更多的时间和孩子在一起玩，便用玩具来代替。

打游戏机成瘾。孩子们打游戏机上瘾与心理素质有关。他们的思维还未定型，自制能力差，多以自己喜好为标准。尤其是独生子女，父母一般会满足他们的要求，这更不利于培养孩子的自制力。

整天闷在屋里，不愿到户外参加体育锻炼。英国医学专家指出，自从电视机、电子游戏机等取代以往的娱乐方式之后，孩子们的活跃程度就不如过去了，这一代青少年到了成年，就很容易患心脏病。英国心脏病基金会的卫生专家们研究认为，孩子长时间闷在屋里会使他们因心脏发育不良而患上心脏病。父母有心脏病的孩子，这时可能会患上比其父母更为严重的心脏病。为了保证孩子心脏的正常发育，预防和减少心脏病的发病率，有必要提醒家长，让孩子抽出一些时间到户外去参加体育锻炼，以达到心脏发育所需要的运动量，保证身心健康成长。

爱花钱、爱要钱。孩子的可塑性极大。要使孩子养成节俭、不乱花钱的好习惯，家长的正确引导极为重要。孩子不正当地获取金钱的危害是显而易见的，也是社会公德和法纪所永远不能容许的，但其根源还是他们毫无节制地乱花钱。让孩子无节制地乱花钱会使孩子丧失自谋生计和承受艰苦生活的耐力，甚至走上了“找钱”不顾一切的道路。生活水平提高了，就更应该对孩子进行正确的金钱观、消费观的教育，向他们灌输勤俭节约的意识。“天下兴亡多少事，成由勤俭败由奢”，这是千古不变的真理。

家长在培养孩子的良好习惯方面要做到从小、从细、从严抓起。习惯是逐渐养成的，培养孩子良好的习惯是家庭教育的重要任务。著名教育家叶圣陶曾指出：“什么是教育，简单一句话，就是要养成良好习惯。”孔子说过：“少成若天性，习惯为之常。”所以家长应充分认识培养孩子良好的生活、学习习惯的重要性。不少家长“从小、从细、从严”培养孩子习惯的经验，是值得借鉴的。

养成一个好的习惯不容易，一经养成要坚持不懈地耐心引导，使之强化巩固。克服一个坏的习惯也是难的，发现苗头要善于开导，持之以恒地加以抑制，使之消除。一般的说，家长可以与学校教师密切配合，从孩子很小时就要认真地坚持培养孩子良好的生活习惯。

注重言传身教，创造养成孩子良好习惯的家庭环境。家长是孩子的第一任老师。家长自身要消除不良的学习、生活习惯，以良好的学习、生活习惯起示范作用。与此同时要在家里制定一些生活、学习时间安排，创造有利于养成孩子良好学习、生活习惯的氛围。例如孩子开始学习后，关掉电视机、收录机等，家长不做分散孩子注意力的事务，更不要高谈阔论，打牌闲聊，也不要随意向孩子问话，干扰孩子学习。这样，容易促进孩子养成定时、专心学习的好习惯。同时要注意不要让孩子学习时间过久，影响了日常的休息。

加强与学校老师联系，协同培养孩子良好的学习习惯。一般来说，对于孩子习惯的养成，尤其是学习习惯的培养，教师是富有一定的方法和经验的。家长要经常主动与学校教师联系，了解孩子在校的学习表现，反映在家的学习、生活习惯，虚心听取教师的意见，根据学校培养孩子良好习惯的要求，积极配合教师做好工作。

专/家/提/示:

家长在培养孩子的良好习惯方面要从小、从细、从严抓起。习惯是逐渐养成的，培养孩子良好的习惯是家庭教育的重要任务。

充分认识孩子不进行体力劳动的弊端

劳动一般可分为体力劳动和脑力劳动。对于脑力劳动，因为人们都有思维，有思想，而且总是想成才，所以总是在有意无意地进行着。但遗憾的是，有些人不能充分地认识到体力劳动的重要性，看不起体力劳动，认为要成才，只要好好学习，好好地进行脑力劳动，就够了。其实，这是非常错误的。

实际上，在人的成才过程中，体力劳动同样是起着不可低估的作用的。它能强健人的身体、磨炼人的意志，提高人的自我保护能力，开发人的智能。可以这样说，一个有能力而从来不参加体力劳动的人，他永远都没有真正成才的可能。

在当今的社会，独生子女是父母的“掌上明珠”。孩子只要肯学习，父母什么都可以代劳，铺床、叠被子，甚至洗袜子、挤牙膏，都不用子女自己动手，更不用说别的家务事了。可以说，孩子完全过着一种衣来伸手，饭来张口的生活，父母们关心备至，对孩子的学习也盯得紧，唯恐将来不能成才。但是，在这种环境里长大的孩子，动手能力和适应社会的能力非常差。

培养爱劳动的习惯，是在培养和浇灌人才的过程中不容忽视的一个重要方面。有了爱劳动的习惯，可以磨炼一个人的意志，养成吃苦耐劳的精神，从而懂得学习的意义和重要性，更加积极认真地学习，为将来的成才铺平道路。

动手是儿童发展思维的体操。俗话说："心灵手巧"，而对儿童来说，则是手巧心灵。体力劳动，是通过手脚的活动来实现的，而孩子的劳动和成人的劳动在意义和内涵上有所不同。对孩子的要求只是最基本的生活自理和一些力所能及的家务等。通过这些基本劳动训练，可以使孩子的双手和大脑协调发展。对孩子进行早期劳动训练，可以使孩子脑细胞得到更多的刺激，加快脑细胞发育成长，更有利于开发脑细胞的作用。

劳动可以培养孩子的动手习惯和吃苦耐劳的精神，在营养良好的情况下，劳动能促进大肌肉、小肌肉的发育。劳动在培养完美体魄上所起的作用，同运动一样重要。许多劳动能显示体力与技能技巧多种多样的结合。苏霍姆林斯基认为：劳动不仅使人"心地正直"，而且能使人"身强力壮"。

一个人有无劳动的兴趣和习惯，将影响他的一生。大量事实表明，不论知识水平、家庭背景、经济收入如何，凡是从小做家务、热爱劳动的人到了中年以后往往特别能干，工作成就大，生活也很美满；凡是从小就好吃懒做、不爱劳动的人，长大了多不能吃苦，独立意识和自理能力差，工作成就平平。因此，望子成龙的父母从孩提起就应为孩子创造一种环境和条件，对孩子进行早期劳动训练，让孩子做力所能及的事情，让孩子生成一双勤劳的手，使其终生受益。

据调查，现在中小学生，爱劳动、有较好劳动习惯的约占1/3，另外的2/3是不爱劳动或不太爱劳动的。

有些孩子，懒得铺床叠被，懒得洗袜子、洗手绢，懒得收拾书包、收拾桌子，甚至于懒得洗脸、洗脚，连喝水也懒得自己倒。事实上，家长重视从小培养孩子热爱劳动的并不多，这是有原因的。一是家长看到孩子的学业负担重，功课太多，安排劳动有困难。这是当前的实情，但是，是否一点时间都挤不出来呢？也不是。有些孩子不是“做”作业，而是“磨”作业，20分钟的作业，40分钟还“磨”不完。如果改掉磨蹭的毛病，就能安排劳动了。换句话说，如果安排了必须完成的劳动任务，“磨”的毛病也可能改得快些。二是家长怕孩子干不好，还不如自己干痛快、省事。你越不让干，他越不想干，越不会干。劳动习惯必须有一个培养过程。今天怕麻烦，明天的麻烦会更多。一个懒人，一辈子都是麻烦。三是家长心疼孩子，怕孩子吃苦受累。有的家长认为今天的孩子就是应该享福的一代。情感占了上风，劳动教育被忽视了。据调查，美国小学生的每日劳动时间是72分钟，韩国是42分钟，法国是36分钟，英国是30分钟，而中国仅仅是12分钟。我们孩子的劳动是不是太少了？

劳动教育的目的在于培养孩子做人的基本品质和基本能力，如果家长忽视了劳动教育，就是忽视了孩子学做人的最重要的内容和机会，弊端很大。一旦孩子成了懒人，想让他变勤俭就非常难了。

专家指出，孩子不进行家务劳动至少存在以下弊端：孩子小的时候，对劳动的态度、对劳动人民的态度是品德形成过程中不可缺少的教育内容。而这种教育不是仅仅靠理论的说教，更多的是孩子通过自身对劳动的体验而产生的。一些孩子没有最基本的劳动锻炼，不懂得劳动果实来之不易。假如孩子不自己洗衣服，就不可能理解大人洗衣服的辛苦，也就不会注意保持衣服的清洁，即使大人告诉他一百次，他仍然不去注意。所以由于劳动的缺乏而导致不珍惜所拥有的物品、看不起体力劳动、看不起从事体力劳动的劳动人民等问题十分普遍。

对孩子来说，劳动实践是学习知识，了解、认识社会的重要途径。孩子缺乏日常的家务劳动锻炼，必然会失去这种难得的学习机会。在他们的记忆中只有书本知识，而没有运用这些知识指导实践的体会，也很难在学习、实践中发挥自身的主观能动性。

孩子的劳动习惯与自理、自立能力是连在一起的。相关分析表明：家务劳动时间与儿童的独立性显著相关，即儿童劳动时间越长，其独立性越强。不能设想一个孩子没有劳动的机会，在家里什么活儿都不干，在离开父母的时候能完全独立地生活，独立于社会。因为任何劳动毕竟不是有了正确的认识就可以胜任的，它需要经过一个由生到熟，由简到繁的实践锻炼过程。

总之，孩子缺乏家务劳动锻炼，会产生许多的弊端。作为家长，无论文化程度高低，无论从事什么性质的工作，也无论有多高的职位，在树立孩子的劳动观念、训练孩子的劳动技能、培养孩子的劳动习惯、增强孩子的劳动能力方面都有着不可推卸的责任。因为家务劳动是一切劳动的基础，在任何家庭都存在，都有机会让孩子从中受益的劳动形式，孩子这方面的缺陷完全可以通过家长的努力来弥补。

专/家/提/示：

实际上，在人的成才过程中，体力劳动同样是起着不可低估的作用的。它能强健人的身体、磨炼人的意志，提高人的自我保护能力，开发人的智能。

多动手的孩子最聪明

“手是脑的教师”，“儿童的智慧在他的手指尖上”。让儿童多动手操作，能促进智力发育。手指的触觉灵敏度最高，管辖手指的神经中枢在大脑皮层功能区域面积最广泛，仅大拇指的运动区就几乎相当于大腿运动区的10倍。若手指经常活动，不仅能促进大脑发育，而且能增强大脑的思维能力，使人更聪明。当儿童劳动时，手的灵敏动作能对大脑皮质运动区产生良好的刺激，使脑细胞得到锻炼。因此，对儿童进行早期教育的内容，不仅仅是读书、写字，从幼儿时期开始，家长就应该有意识的让他们自己动手做些事情，如洗手洗脸、用勺或筷子进食等；孩子稍大些可以教他们拍皮球、剪纸、叠纸等；入学后让孩子自己削铅笔、剪指甲，以及扫地、浇花等。这些自我服务的劳动和家务劳动是儿童早期教育中一项不可缺少的内容。这样做的结果，不仅不会累着孩子，相反会使孩子更聪明。

孩子好动，两只小手不是动这儿就是动那儿，有时会把好端端的东西“故意”弄坏了。此时，有些父母就很生气，动不动就训斥孩子，这会妨碍孩子的智力发展。其实，孩子为了满足好奇心，就对他所面对的新事物进行探索，如镜子为什么能照出自己，钟表为什么会响等，他想拆开看个究竟。手在拆弄镜子、钟表时，脑子同时在进行思维活动。据心理学家们研究证实，手和眼的动作和思维活动有直接联系。人在操作时，动手是动脑的外现，动手又能支持脑的积极活动，“手巧”与“心灵”相互起作用。所以，做父母的决不能厌烦和限制孩子动这儿动那儿，以免堵塞孩子的心灵发展，而应该根据孩子的年龄特征，因势利导，鼓励孩子动手动脑，尽快“开窍”。

为了增强孩子的动手能力，开发孩子的智力，在生活中，家长可以考虑为孩子提供一些对思维的发展行之有效的玩具或物品。一是积木。积木是一种比较理想的玩具，可用来发展儿童的空间想象和结构组合能力。当儿童不断增加“建筑物”的高度时，倒塌的危险也直线上升。这是一种冒险行为，而冒险操作无疑是创造性思维的重要方面。在冒险中，儿童不时地承受了失望和害怕心理后，自信心就油然而生了。二是沙箱。沙子放在木箱里让儿童利用沙子尝试捏、堆不同的物体，任人摆布的各种沙子可以诱发无穷无尽的创造设想。孩子可以“修路”、“堆山”、“造楼房”、“画图案”。凡此种种，都需要运用丰富的想象力。三是黏土。教孩子区别黏土和面粉团的不同是有益的。略带水分的黏土能较好地保持形状，对孩子来说，黏土的价值在于它的质地，它的可塑性和它的可变性。让儿童用黏土做成球，继而再做成人或者什么怪物，在制作过程中，最好的工具是手指，有时也用小锤敲、小刀削等，儿童可以在黏土上构图案、造模型，抒发他们的强烈感情。四是图片。用这种工具的具体做法是：先提供一张有若干种色彩的图片，孩子看后会产生创造性设想。例如，对同一张这类图片，有些孩子会看成是他爸爸微笑的脸，有些则看成是一块生日蛋糕并且还信手在上面添画了蜡烛。

进行家务劳动能提高孩子的智力。让孩子参加家务劳动，不仅仅能培养孩子的劳动习惯和提高生活自理能力，更重要的是，通过让孩子参与实际生活来开拓孩子的知识面，同时提高孩子的观察能力、思维能力以及解决实际问题的能力，从而开发孩子的智力与创造力。

目前城市家庭的家务劳动主要还是买菜、做饭、洗衣。很多家庭都买了洗衣机，尽管操作简单，家长却不愿让孩子动。其实，让孩子自己动手操作，同时教孩子懂得一些洗衣机的基本原理，可促使孩子动脑思考。

买菜对小学生来说是个多方面的训练。买菜不仅需要一定的运算能力，而且还需要了解各种蔬菜品种和市场价格，并根据家庭成员的喜好做出判断与决定。因此，通过买菜不仅可增长孩子的社会知识并在实际生活中提高算术技能，而且可培养孩子的判断能力与决策能力。

很多双职工家长都为孩子的午饭问题而发愁。其实不妨让孩子从七、八岁起就学会做简单的饭菜，在教孩子学习有关做饭的基本知识与技能的同时，可以教孩子懂得一些日常生活知识以及相应的科学知识。这样不仅培养了孩子的生活自理能力，而且也扩大了孩子的知识面。

家长应当有意识地启发孩子在家务劳动中多动脑子、主动发现问题。对所遇到的困难，家长不要急于帮助解决，而应鼓励孩子自己思考并探索出新的解决办法。很显然，家务劳动对小学生来说，是增知识长见识、开发智力与创造力潜能的最简便易行的途径。

专/家/提/示:

让孩子参加家务劳动，不仅仅能培养孩子的劳动习惯和提高生活自理能力，更重要的是，通过让孩子参与实际生活来开拓孩子的知识面，同时提高孩子的观察能力、思维能力以及解决实际问题的能力，从而开发孩子的智力与创造力。

心·理测试

一、自信心测试

请在下列各题所列备选答案中选择最符合你的一项。

1. 测试题

(1) 如果要全面评价自己，与周围的同龄人相比，你觉得自己属于：

A. 较差

B. 中等

C. 较好

(2) 你喜欢独处吗？

A. 喜欢

B. 有时喜欢

C. 从来不喜欢

(3) 你对自己的活力程度评价如何？

A. 很高。我每星期至少运动3次，我是个喜欢运动的人

B. 中等。我放学后偶尔运动

C. 低。我从不喜欢运动

(4) 你抽过烟吗？

A. 从来没有

B. 有时参加聚会的时候抽过

C. 常常

(5) 你曾经离家出走过吗？

A. 有

B. 没有

（6）你曾有自杀的念头吗？

A. 有过

B. 没有

（7）你对自己的外表感觉如何？

A. 假如能改变一两处地方我会对自己的外表很满意

B. 很少会觉得自己有吸引力

C. 我对自己的外表很满意

（8）有人告诉你今天你的发型或穿着很美，你会：

A. 告诉他，他需要戴眼镜或更换新的眼镜

B. 笑着说"谢谢"

C. 觉得不安，不知道他是否在开玩笑

（9）你计划星期六和朋友去玩篮球，但他们要去看电影，你选择：

A. 去玩篮球，但却希望自己在看电影

B. 到电影院和朋友会合

C. 留在家里，你很犹豫该怎么做

（10）你被提名参加竞选某学生干部职位，你希望得到那个职位，但你的朋友 P 认为参与学生工作是浪费时间的事，你会：

A. 接受提名展开竞选

B. 拒绝提名，因为你没有把握获胜

C. 拒绝提名，因为你不愿朋友们认为你是无聊分子

（11）当你的朋友送你一个名贵的生日礼物时，你会：

A. 等他生日时送他同样价值的礼物

B. 接受礼物，很高兴

C. 接受礼物，但宁愿他送一件较低价的礼物

（12）你的父母介绍你认识他们的朋友，你会：

A. 向他们看一看，然后打声招呼

B. 只看了他们一眼点了点头（你见过很多父母的朋友，所以你不

在意）

C. 亲切地微笑，介绍时看他们的眼睛

（13）当你和班主任或校长讲话时，你会：

A. 不敢看他，左顾右盼

B. 只敢偷偷看看他

C. 与他的眼睛对看，表情自然

（14）你的好朋友当选班长，你会：

A. 由衷地为他的成功感到高兴

B. 你为自己没得到那份荣誉而生气

C. 烦恼，你认为他没什么了不起

2. **计分方法**

评分与解释：

得分 答案 / 试题	A	B	C
1	1	2	3
2	3	2	1
3	3	3	1
4	3	2	1
5	1	3	
6	1	3	
7	2	1	3
8	1	3	1
9	2	3	1
10	3	1	1
11	3	1	1
12	1	1	3
13	1	1	3
14	3	1	1

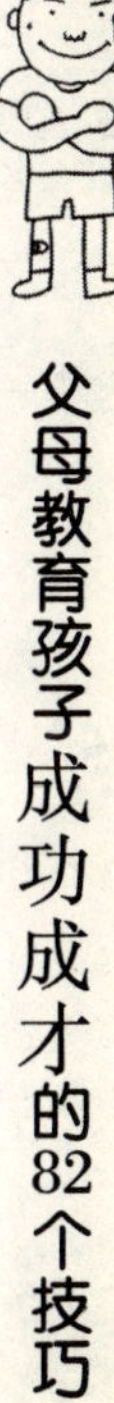

3. **判定标准**

33～42 分：高度的自信，有明确的目标，也会不断地努力向目标迈进。

21～32分：有一定的自信心，但缺乏主动。

15～20分：对自己的满意度较低，自信心较差。

我们需要指出的一点是，测验的结果仅供大家参考，帮助大家了解自己。而且测试的结果只是反映你目前的一种心理状态，并不表示你一直会这样，永远都一成不变。因为人的心理因素是不断发展变化的，现在如此不等于你将来也一直如此。

二、你具有什么样的抱负

1. 测试题

（1）当你所做的事结果与预测的情况相符时，你会感到很满意。否则，即使别人说你成功，你也会觉得不满意。

①非常不同意

②有点不同意

③说不准

④有点同意

⑤非常同意

（2）你通常对自己所做事情的要求标准都比一般人高。

①非常不同意

②有点不同意

③说不准

④有点同意

⑤非常同意

（3）你对感兴趣的事情都会努力完成；而对不感兴趣的事，则干好干坏无所谓。

①非常不同意

②有点不同意

③说不准

④有点同意

⑤非常同意

(4) 你认为人生在世干一番成功的事业是最重要、最快乐的，再苦再累也值得。

①非常不同意

②有点不同意

③说不准

④有点同意

⑤非常同意

(5) 你每干一件事都是从工作方法着手的。

①非常不同意

②有点不同意

③说不准

④有点同意

⑤非常同意

(6) 你常常成功多、失败少。因此即使失败了也可以在其他地方弥补。

①非常不同意

②有点不同意

③说不准

④有点同意

⑤非常同意

(7) 你的好胜心很强，从不服输。

①非常不同意

②有点不同意

③说不准

④有点同意

⑤非常同意

（8）假如在几件事中，其重要程度相同但难度不同，你往往会选择：

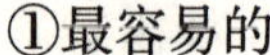

①最容易的

②比较容易的

③中等难度的

④比较难的

⑤最难的

（9）假如在做某件事时预先确定一个标准，那么你会选择

①最低标准

②较低标准

③中等标准

④较高标准

⑤最高标准

（10）各个答案表示你做一番事业的愿望程度，你会选择：

①根本不愿意

②不大愿意

③有点愿意

④愿意

⑤非常愿意

2. **计分方法**

每道题凡是选①得 1 分；选②得 2 分；选③得 3 分，选④得 4 分；选⑤得 5 分。

3. **判定标准**

40～50 分：抱负水平很高。26～39 分：抱负水平中等。10～25 分：抱负水平较低。

抱负水平很高的人往往事业心很强，成就动机很高，做事追求成功、完善，不喜欢半途而废。如果一件事没办法或失败了，他们会感到非常不满。这种人常常生活在一种紧张、焦虑的状态之中。他们可能也会为自己创造一种轻松愉快的气氛来调节自己，以便使工作或学习完成得更为出色。抱负水平中等的人一般有较强的事业心和解决问题的能力，能够巧妙地衡量自己的能力以确定任务的完成水平，并尽力去完成，即使失败也能正确对待。他们身心健康，但仍需要不断提高自己的工作能力。抱负水平较低的人往往事业心不强，不喜欢争强好胜，只求过一种安稳的日子。他们对自己的工作标准定得很低，不利于自己能力的充分发挥和增强。因此应该在工作上严格要求自己，在奋斗中实现自己的价值。

三、心理适应能力自测

心理适应能力，是指一个人在心理上适应周围环境的能力。下面16道题可以帮助你了解自我心理适应能力的强弱，每道题都有5个答案，即很对、比较对、对与不对之间、不太对、很不对，你可以根据自己的情况，选择一种填入括号内，然后根据评分标准，进行评分判定。

1. 测试题

（1）你最怕调动班级，每到一个新班级，总要经历很长的适应期。（　）

（2）每到一个新地方，你很容易融入新环境。（　）

（3）你最怕在课堂上发言，因为有那么多眼睛盯着你，心都快要跳出来了。（　）

（4）在正式竞赛场合，你的表现多半比平时强。（　）

（5）你不喜欢陌生人来家做客，遇到这种情况，往往有意回避。（　）

（6）即使别人对你有意见，你仍能同他正常交往。（　）

（7）老师在场的时候，你通常不能自如地完成各项工作。（　）

（8）在决定胜负成败的关键时期，你虽然会感到紧张，但能很快平静自己的情绪。（　）

（9）有时，自己明明已将课文背熟，可是当众背诵时还会出现差

错。（ ）

（10）与家人、同学相处时，你乐于接受别人的看法，而很少固执己见。（ ）

（11）你不喜欢的事情，无论怎么学也学不会。（ ）

（12）你喜欢从事新的工作，因为它给人一种新鲜感，能够调动自己的积极性。（ ）

（13）在陌生人面前，你常因无话可说而感到十分尴尬。（ ）

（14）你很喜欢参加社会交往活动，并认为这是结识朋友的好机会。（ ）

（15）每到一个新环境，你第一天总是睡不好。（ ）

（16）在混乱而嘈杂的环境中，你仍能高效率地学习与工作。（ ）

2. 计分办法

凡是单号题（1、3、5…），“很对”得 -2 分，“比较对”得 -1 分，“对与不对之间”得 0 分，“不太对”得 1 分，“很不对”得 2 分。而双号题的记分方法与此相反。

3. 判定标准

24 分以上：表明适应能力很强。16 ~ 23 分：表明适应能力较强。8 ~15 分：表明适应能力一般。0 ~ 7 分：表明适应能力较差。0 分以下：表明适应能力很差。

四、学习动机测试

请你对以下每种情况与自己符合与否作一个判断。

1. 测试题

（1）上课老师提问时，我喜欢听同学回答问题和老师的总结。（ ）

（2）我的学习成绩比别人差就会感到难过。（ ）

（3）做功课和接待朋友这两件事，我更喜欢后者。（ ）

（4）每天晚上和星期天的学习时间，我都安排得井井有条。

（　）

（5）我觉得学习真是一件苦差事。（　）

（6）作业中遇到难题，我喜欢自己动脑筋思考去解决。（　）

（7）我很少预习也照样听课。（　）

（8）假期我也是每天学习，从不赶作业。（　）

（9）不感兴趣的课程，我就不愿花大精力去学。（　）

（10）我喜欢和别人讨论学习中的问题。（　）

（11）我听课时从不走神，总是尽量关注老师讲课的内容和意图。

（　）

（12）学习成绩不好，我不在乎。（　）

（13）我在考试前“临阵磨枪”，效果往往挺好的。（　）

（14）即使是我特别想看的电视节目，在做完作业之前也不看。

（　）

（15）老师留的作业题太难了，我一般都不做。（　）

（16）就是想多学一点知识，考试不考试无关紧要。（　）

（17）我在学习上有忽冷忽热的毛病。（　）

（18）我喜欢习题的多种解法。（　）

（19）上课没听明白的问题，我也不愿问老师或同学。（　）

（20）我不埋怨老师讲得不好，主要靠自己努力。（　）

（21）我喜欢解答能从教材中找到答案的问题。（　）

（22）偶尔一次考不好，我不会气馁，总会赶上去的。（　）

（23）我在学习时，有点噪声就学不下去了。（　）

（24）不管老师是否布置作业，我都有自己的学习内容。（　）

（25）现在学的东西，将来用不上，不是白学了吗？（　）

（26）平时有个小病小灾的，从不敢耽误学习。（　）

（27）每次发下试卷，只要听明白老师的试卷分析不再改正试卷中的错误。（　）

（28）当天的功课当天完成，我从不拖拉。　（　　）

（29）我不喜欢看课外参考书。　（　　）

（30）有问题时，非得弄个水落石出不可。　（　　）

（31）每天课后写完作业，我就觉得踏实了。

（32）每次考试后，分析自己的试卷，找到知识中的缺陷。（　　）

2．计分办法

将你选择的结果统计一下，凡偶数序号的内容，你选择“是”，得1分，选“否”得0分；凡奇数序号的题目，选“否”得1分，选“是”得0分。将统计结果相加，按以下标准来评价自己学习动机的强弱。

3．判定标准

25～30：分学习动机很强。16～24：分学习动机一般。15分以下：学习动机很弱。

五、青春期的心理转折测试

每个少男少女步入青春期时，都会遇到大量关于适应的问题。心理卫生学和精神病学所说的适应，主要是指对人际关系和对社会的适应。怎样才算适应良好呢？一些心理学者通过研究，提出了40条标准，大家可以根据这40条标准进行自我鉴定。

对下列题目作出“是”或“否”的回答。

1．测试题

（1）对家庭、班级和学校的生活感到很习惯。

（2）能以一定的灵活性适应周围的人际关系。

（3）对事情总是有明确的目的，在一般情况下能说到做到。

（4）当自己的行为遭到反对时，能及时地自我调整，不一意孤行。

（5）经常留心周围人际环境的变化。

（6）有助人为乐的精神，肯关心帮助别人。

（7）对周围的人们持信任态度。

（8）待人热情、友善，而不是冷漠无情。

（9）能站在别人角度体会他们的内心感情。

（10）讲良心，做了错事感到内疚。

（11）能基本正确地评价自己的各种品质。

（12）有适度的自尊心。

（13）已积极态度看待自己的形象。

（14）没有明显的自卑感。

（15）有一定的自我控制能力。

（16）在多数情况下能独立决定自己的行为。

（17）懂得学习的重要性，学习态度端正。

（18）对家庭和学校生活感兴趣，认为自己是幸福的。

（19）学习不感到非常困难，经过努力可以达到中等或中等以上水平。

（20）在集体生活中有一定的责任感，愿为集体出力。

（21）对学习和课外活动有主动精神。

（22）不做多数人反对的事。

（23）在集体中占有一定的位置，不是被遗忘的人。

（24）按时作息，睡眠良好。

（25）没有经常头痛的现象。

（26）从来没有记忆突然减退、学习成绩大幅度下降的现象。

（27）能和异性同学正常交往。

（28）对自己的性发育情况有正确的了解和评价。

（29）对“性”的问题好奇，但不过分关注。

（30）没有不良的性行为习惯。

（31）没有明显地陷入早恋而不能自拔。

（32）在一般情况下，情绪正常、乐观。

（33）对困难和挫折有一定的承受能力。

（34）能控制自己的愤怒、焦急和忧虑等不良情绪。

（35）有一定的胆量和勇敢精神。

（36）在多数情况下表现诚实。

（37）对不公正的事情表示气愤。

（38）愿意承担自己应承担的义务。

（39）对父母有爱和依恋之心。

（40）对自己的前途充满希望和信心。

2．计分方法

对每一题，先对照自己平时的实际表现想一想，回答一个“是”得1分，回答“否”的得0分。

3．判定标准

总分在36分以上：为适应非常好。29～35分：为适应良好。24～28分：为尚能适应。23分以下：为适应不良。15分以下：为严重适应不良。

六、心理承受力测试

对下列题目作出“是”或“否”的回答。

1．测试题

（1）你认为自己是个弱者吗？

（2）你是否喜欢冒险和刺激？

（3）你生活在使你感到快乐和温暖的班级里吗？

（4）如果现在就去睡，你是否担心自己会睡不着？

（5）生病时你依旧乐观吗？

（6）你是否认为家人需要你？

（7）晚睡两小时会使你第二天明显精神不振吗？

（8）看完惊险片后很长一段时间内，你一直觉得心有余悸吗？

（9）你常常觉得生活得很累吗？

（10）你是否有一些无话不谈的知心朋友？

（11）当考试成绩不理想时，你会感到非常沮丧吗？

(12) 你认为自己健壮吗？

(13) 当你与某个同学闹意见后，你一直无法消除相处时的尴尬吗？

(14) 大部分时间你对未来充满信心吗？

(15) 你有一个关心、爱护你的家吗？

(16) 当你在课堂上回答不出问题时，你在课后还会久久地感到烦恼吗？

(17) 每到一个新地方，你是否常常会出些问题，如吃不下饭、睡不着觉、拉肚子、头晕等？

(18) 即使在困难时，你还是相信困难终将过去吗？

(19) 你明显偏食吗？

(20) 当你与父母发生不愉快时，你是否曾想离家出走？

(21) 你是否每周至少进行一次你所喜欢的体育活动，如登山、打球、游戏等？

(22) 你觉得自己有些神经衰弱吗？

(23) 你认为你的老师喜欢你吗？

(24) 心情不痛快时，你的饭量与平时差不多吗？

(25) 看到苍蝇、蟑螂等讨厌的东西，你感到害怕吗？

(26) 你相信自己能够战胜任何挫折吗？

(27) 你是否常常与同学们交流看法？

(28) 你常常因为想心事而躺在床上久久不能入睡吗？

(29) 在人多的场合或陌生人面前说话，你是否感到窘迫？

(30) 你是否认为你受到的挫折与其他人相比，根本算不了什么？

2. 计分方法

第2、3、5、6、10、12、14、15、18、21、23、24、26、27、30题答“是”得1分，答“否”得0分。其余各题答“是”得0分，答“否”得1分。各题得分相加，统计总分。

3. **判定标准**

0 ~9 分：你的心理承受能力差。你遇到困难易灰心，常有挫折感。

10 ~20 分：你的心理承受能力一般。你能轻松地承受一些小的压力，但遇到大的打击时，还是容易产生心理危机。

21 ~30 分：你的心理承受能力强。你能在各种艰难困苦面前保持旺盛的斗志。

七、承受生活压力的测试

为了测定个体的承压指数，美国波士顿大学医学中心的心理学家米勒和史密斯从调查个体的生活质量入手，编制了以下测试题目。

你可以按自己的情况回答问题，答案在“几乎总是”、“大致是”、“从来不是”中选择一项。请如实回答每一道题。

1. **测试题**

（1）我每天至少吃一顿以上新鲜的、令人轻松愉快的饭菜。

（2）我每周至少 4 个夜晚睡眠 7 ~8 小时。

（3）我经常性地给人以爱，并得到同样的回报。

（4）在 50 公里内（或花半个小时至一个小时可以到达的地方），我至少有一个可依靠信赖的亲友。

（5）我每周至少有两次体育锻炼，每次运动量达到出汗的程度。

（6）我每天的抽烟量不超过半包。

（7）我每周喝带酒精的饮料不多于 5 次。

（8）根据我的身高，我的体重是正常的

（9）我的收入足以支付我的基本开支。

（10）我有我的信仰（或有坚定的人生信念），我能从中汲取力量。

（11）我经常参加社会交际活动。

（12）我的周围有很多熟人和朋友。

（13）我拥有一个或更多个能吐露心迹的朋友。

（14）我的身体（包括视力、听力、牙齿等）情况良好。

（15）当我发怒或忧郁不快时，我能有机会畅快地把心中的不如意倾吐出来。

（16）我常常和住在一块儿的人（如家人、邻居等）聊天，谈谈家庭琐事等。

（17）我每周至少做一件使自己愉快的事（如看电影等）。

（18）我能有效地处理自己的时间。

（19）我每天喝咖啡（或浓茶、可乐等）的量少于3杯。

（20）白天我不受别人的干扰。

2. 计分方法

选“几乎总是”得1分，“大致是”得3分，“从来不是”得5分。完成上述20道问题后，将各题得分相加，把相加的得分和减去20，便得到了你的生活压力承受指数。

3. 判定标准

如果得分超过30分，表示生活压力对你已有所影响；如果在50～75之间，那么你在生活压力下已处于脆弱的状态了；至于超过75分，则说明你的承受力极差，在生活压力下，已是处于不堪承受的境地了。

让你的生活压力承受指数保持在低于30分的水平，是你需要注意着手做的。达到这一目标的方法说来也并不难，你只要尽量按“几乎总是”的态度处理在实际生活中面临的包含在这个测试中的问题就行了。

八、考试焦虑的自我测试

如果你想了解自己是否有考试焦虑，以及这种焦虑的程度如何，是否严重到了影响自己考试成绩和身体健康的地步，请你做一下下面的考试焦虑程度自我检查表。测试时间最好能安排在一次较重要的考试结束之后。

测验说明：下面有33道题，每道题都有4个备选答案：A. 很符合自己的情况；B. 较符合自己的情况；C 较不符合自己的情况；D. 很不符合自己的情况。请根据自己的实际情况，每题选择一种答案，将所选答案写在题号之前。

1. **测试题**

（1）在重要的考试前几天，我就坐立不安了。

（2）临近考试时，我就泻肚子了。

（3）一想到考试即将来临，身体就会发僵。

（4）在考试前，我总感到苦恼。

（5）在考试前，我感到烦躁，脾气变坏。

（6）在紧张的温课期间，常会想："这次考试要是得到个坏分数怎么办？"

（7）越临近考试，我的注意力越难集中。

（8）一想到马上就要考试了，参加任何文娱活动都感到没劲。

（9）在考试前，我总预感到这次考试将要考坏。

（10）在考试前，我常做关于考试的梦。

（11）到了考试那天，我就不安起来。

（12）当听到开始考试的铃响了，我的心马上紧张地急跳起来。

（13）遇到重要的考试，我的脑子就变得比平时迟钝。

（14）看到考试题目越多、越难，我越感到不安。

（15）在考试中，我的手会变得冰凉。

（16）在考试时，我感到十分紧张。

（17）一遇到很难的考试，我就担心自己会不及格。

（18）在紧张的考试中，我却会想些与考试无关的事情，注意力集中不起来。

（19）在考试时，我会紧张得连平时记得滚瓜烂熟的知识都一点也回忆不起来。

（20）在考试中，我会沉浸在空想之中，一时忘了自己是在考试。

（21）在考试中，我想上厕所的次数比平时多些。

（22）考试时，即使不热，我也浑身出汗。

（23）在考试时，我紧张得手发僵，写字不流畅。

（24）考试时，我经常会看错题目。

（25）在进行重要的考试时，我的头就会痛起来。

（26）发现剩下的时间来不及做完全部考题，我就急得手足无措，浑身大汗。

（27）如果我考了个坏分数，家长和老师会严厉地指责我。

（28）在考试后，发现自己懂得的题没有答对时，就十分生自己的气。

（29）有几次在重要的考试之后，我腹泻了。

（30）我对考试十分厌烦。

（31）只要考试不记成绩，我就会喜欢进行考试。

（32）考试不应当像在现在这样的紧张状态下进行。

（33）不进行考试，我能学到更多的知识。

2. 计分方法

选 A 得 3 分，选 B 得 2 分，选 C 得 1 分，选 D 得 0 分，然后用下列公式计算出你的总分。

总分 =3 × 选 A 的次数 +2 × 选 B 的次数 + 选 C 的次数。根据你的总分查下面的判定表，就可了解你的考试焦虑水平。

3. 判定标准

评价表

总分	0 ~ 24 分	25 ~ 49 分	50 ~ 74 分	75 ~ 99 分
焦虑水平	镇定	轻度焦虑	中度焦虑	重度焦虑

通过该量表测查，属于“镇定”和“轻度焦虑”水平的青少年，是很正常的。许多实验表明，轻度焦虑有助于考试成绩的提高，只要把焦虑感控制在这一水平之内，就不会影响到心理健康。若焦虑水平处于中度或重度以上，就需要引起重视。